W0076846

Elmar Gruber

Traum-
gedanken
Glaubens-
visionen

Gerne nehmen wir Ihre Anregungen, Wünsche, Kritik oder Fragen entgegen:
Don Bosco Medien GmbH, Sieboldstraße 11, 81669 München
Servicetelefon (0 89) 4 80 08-341

Bibliografische Information der Deutschen Nationalbibliothek

Die Deutsche Nationalbibliothek verzeichnet diese Publikation in
der Deutschen Nationalbibliografie; detaillierte bibliografische
Daten sind im Internet über http://dnb.d-nb.de abrufbar.

1. Auflage 2012 / ISBN 978-3-7698-1961-8
© 2012 Don Bosco Medien GmbH, München
www.donbosco-medien.de
Umschlag: Manfred Lehner, BlueCat Design
Umschlagfoto: fotolia
Layout: ReclameBüro, München
Fotos: Gregor Gugala
Satz: Don Bosco Kommunikation GmbH, München
Produktion: Don Bosco Druck & Design, Ensdorf

Gedruckt auf umweltfreundlichem Papier

Inhalt

Vorwort

Ich träume von einem Gott, von einer Kirche, von einem Glauben, der die Welt verändert und uns den Sinn des Lebens erschließt. Da kann ich Gedanken äußern, gegen die jemand einwendet: Das ist ja nicht mehr katholisch. Ich antworte: Ja, es sind eben Traumgedanken. In den „Traumgedanken" kann ich manches zum Ausdruck bringen, wo mir ein Dogmatiker schwer in die Kurven fahren würde. Ich sage: Das ist ja nur ein Traum. Letztlich muss jeder seinen Glauben selbst bezeugen. Der Frage der Auferstehung zum Beispiel muss jeder Mensch selbst durch das Erlebnis innewerden.

Das Grundthema des Buches ist ein absolut rettendes und begeisterndes Gottesbild und ein selbstständiger Glaube.

Um Gott zu erleben, kann ich die Kirche haben, aber ich brauche sie nicht. Das ist auch die Zumutung dieser Traumgedanken: dass Gott den anderen, den Andersgläubigen oder den phantastisch Gläubigen auch liebt.

Ein solches Buch wie die Traumgedanken ist notwendig, weil die Glaubenswahrheiten neu entdeckt werden müssen, damit sie zu Glaubenswirklichkeiten werden. Die Zukunft ist darauf angewiesen, dass es eine Einheit der Glaubenden gibt, eine Einheit derer, die an das Erbarmen Gottes glauben. Ich kann mir niemals vorstellen, dass ein Mensch dieses bedingungslose Erbarmen und die absolute Liebe zurückweisen wird, denn die Sehnsucht des Menschen geht nicht nach Doktrinen oder Lehreinheiten, sondern nach dem Ergriffensein von der Liebe. Das sind Inhalte, die eigentlich an keine bestimmte

Religion gebunden sind. Ich habe eine ganz große Hoffnungsgewissheit, dass alle Menschen einmal Gott begegnen werden, und wenn es im Augenblick des Todes ist.

Die Liebe hat keine Bedingungen. Doch muss der Mensch die Liebe annehmen und er wird dadurch verändert. Das Einzige, worauf es Gott ankommt, ist das Erbarmen; dass der Mensch Erbarmen findet und es weitergibt. Dass Gott einen Menschen aussperrt und „in die Hölle schickt", das kann es nicht geben. Auch wenn vielleicht mancher Dogmatiker sagen wird: Einige musst du schon in die Hölle stecken, zumindest den Judas. Ich entgegne: Der gehört in den Himmel, weil auch er in der Liebe Gottes steht. Auf den Einwand „Wo bleibt da die herkömmliche Lehre?" antworte ich wieder: Traumgedanken.

Die Traumgedanken sind ein Versuch mit Hilfe der Phantasie diesen Gedanken Ausdruck zu verleihen, die zur tragenden Kraft im Leben werden können. Wenn jemand einwendet, du phantasierst ja, kann ich entgegnen, dass meine phantastischen Bilder Wahrheit sind, Wahrheit, die zu dem neuen Lebensereignis der Gottesbegegnung aufgehen kann.

Träume sind Schäume, heißt es in einem Sprichwort. Und viele möchten die Aussage von Träumen erschüttern und fragwürdig machen, indem sie feststellen: Das ist ja gar nicht der Realismus, in dem wir leben. Dadurch bekommen solche Menschen viel Gehör, und das Bewusstsein, das Träume geben können, nämlich, dass Gott mich liebt oder dass ich von einem anderen Ereignis träume, wird damit entkräftet.

Die Liebe erfahren

Ich brauche Traumgedanken, weil das realistische, materialistische Denken nicht in der Lage ist, zu erfassen und darzustellen, was Gott ist und wie sich Gott dem Menschen nähert und ihm begegnet. Die Näheerlebnisse zwischen Menschen und Geschöpfen werden Hauptstellen, an denen Gott anwesend ist. Wenn Jesus in der Abendmahlsgeschichte sagt: „Nehmt hin, esst und trinkt, das bin ich", braucht es keine weiteren Erklärungen mehr. Das Mahlereignis ist hier ausgewiesen, es ist da in seiner Transzendenz. Im Abendmahlsgeschehen zeigt sich etwas, was man wissenschaftlich, theologisch nicht erfassen kann.

Diese Begegnungen in den Symbolen, beim Feiern der Feste, im Meditieren von Texten haben es in sich, dass Gott hier anwesend ist. In manchen Begegnungen kann ich sagen: Dich hat mir der Herrgott geschickt. Das sind die Stellen, wo ich meine: Glaube es nur, dass du erhalten hast, dass es dir zuteil wird. Wenn du es noch nicht glauben kannst, habe Geduld. Du möchtest Gott materialistisch fassen und das geht nicht. Die Menschen bereiten so den Untergang vor, indem sie die ewigen Geschenke der Liebe zu materialistischen Konsumgegenständen machen.

Die im Laufe des Lebens erfahrene Liebe ist für mich zur tragenden Kraft geworden. Mir ist der Traum von der Menschheit geblieben, die miteinander in Harmonie lebt, die sich gegenseitig nicht ausbeutet. In den Pflegeberufen leisten Menschen Großartiges und man sieht, was aus Liebe alles möglich ist. Auch wenn ich es selbst nicht spüre, erfahre ich, dass es diese Menschen, wie zum Beispiel Mutter Teresa gibt. Sie haben die Kraft zur Pflege und zum Dienst auch von Gott als Geschenk, als Gnade empfangen. So wird der Dienst zur Freude und zur Kraft im eigenen Leben, das sie mit anderen teilen.

Vieles können wir nicht mit unserem Verstand erfassen, bringen es aber durch unser Gefühl und durch unser Erleben in unserem Leben zur Erfahrung. Auch in der Bibel offenbart sich Gott durch Träume, durch Traumgedanken. Sämtliche Kindheitsgeschichten von Jesus sind eigentlich Traumgedanken und können zum Ausdruck bringen, was man mit dem Verstand nicht darstellen kann. So sind auch die „Traumgedanken" der Versuch, mit Hilfe von Symbolen und von Phantasieerlebnissen Wirklichkeiten zu zeigen, die man sonst nie darstellen könnte. Es kann sein, dass bei der Darstellung solcher Phantasiegedanken ein Mensch davon ergriffen wird und dass es zur Wirklichkeit wird, dass Gott den Menschen liebt. Dann erweist sich wieder der gemeinsame Nenner, das Kriterium für die Wahrheit: Gott ist die Liebe. Diese Wahrheit kann sich in der Natur zeigen, in allen Geschöpfen steckt dieser Funke. Das wäre die Möglichkeit der Verbindung, die die Menschen friedlich macht und zum Frieden führt. Der Friede ist nicht machbar, wir werden uns darüber noch Gedanken machen.

Die Urkraft des Lebens

Der Mensch braucht zweierlei: einerseits muss er erfahren, dass er geliebt ist – so wie nur Gott einen lieben kann – und andererseits muss er verkraften, dass Gott auch die anderen liebt, die er nicht mag. Auch sie hat Gott in sein Herz geschlossen. Das wirft die große Schwierigkeit auf: Wo bleibt hier die Gerechtigkeit?

Liebe ist die positive „Jakraft" oder Urkraft des Lebens, die personale Energie, das Ur-Du, die Lebenskraft. Liebe hat Gefühl, aber ist nicht Gefühl. In unserer Zeit wird unter Liebe nur mehr Gefühl und Sex verstanden. Jesus sehe ich als Verkörperung der Liebe. In der Bibel ist der Glaube an die absolute Liebe bestätigt.

Liebe ist die verbindende Kraft zwischen allen Geschöpfen. So kann jede Begegnung Gotteserfahrung werden. Jedes Geschöpf kann zu einer Stelle werden, an der man Gott begegnet. Die besonderen Symbole der Gottesbegegnung sind die Sakramente. Im Wasser, in Brot und Wein finden wir die wichtigsten Zeichen. Durch Segnen kann alles Zeichen für Gott werden. Er ist immer und überall anwesend, am dichtesten wohl im liebenden und geliebten Menschen.

Die Geborgenheit in der Liebe und das Glück sind auch im Leid möglich. „Man muss lieben, wenn man leidet. Man muss leiden, wenn man liebt." (Pfarrer von Ars) Das ertragene Leid wird der Ertrag des Lebens. Leid kann Kräfte des Guten wecken. Mit ewiger Liebe bin ich ewig geliebt. Es gibt keine ungeliebten Geschöpfe. Darum: Trau dich lieben! Du bist immer mit der ewigen Liebe des Schöpfers geliebt. Deshalb kannst du auch lieben. Alle Geschöpfe geben dir Liebe, alle Geschöpfe brauchen deine Liebe.

Wichtig scheint mir die Unterscheidung zwischen dem Leid, das grundsätzlich mit der Schöpfung gegeben ist, von der „Gott sah, dass alles gut ist", – und dem Leid, das wir Menschen durch unsere „Gottlosigkeit" und egoistischen Glücksvorstellungen selbst erst produzieren. Aber in jedem Fall trägt Gott die letzte Verantwortung dafür, dass alles so ist, wie es ist.

Unsere Sünde besteht in der egoistischen, menschenorientierten Definition von Gut und Böse, die nicht mehr der Schöpfung entspricht. Gut und Böse, Freude und Leid, Lust und Schmerz, Leben und Tod sind Kontrasteinheiten, aus der die Dynamik des Lebens entspringt. Wie bei einer Batterie gehören Plus und Minus zusammen. Sie müssen (durch die Liebe) richtig geschaltet sein, sonst entsteht ein Kurzschluss oder Stromausfall. Unser Urproblem liegt darin, dass wir grundsätzlich das Leid nicht leiden können. Das Leid ist eine Lebenskraft, die „schiebt", damit wir fähig werden, uns und das zu Verändernde zu verändern. Freude und Leid schließen sich nicht aus, sondern ein. Viele Menschen bezeugen, dass sie – paradoxerweise – im tiefsten Leid Gottes Liebe am stärksten erfahren hätten.

Finde die Quelle des Friedens

Eine Frage ist in unserer Zeit besonders aktuell geworden, die Frage nach Krieg und Frieden. „Friede auf Erden den Menschen seiner Gnade." Wer von der Gnade, der unverdienten Liebe berührt wird, der wird ein anderer Mensch. Jesus weist darauf hin: Im Alten Testament wurde gesagt: Ihr sollt den Freund lieben und den Feind hassen. Ich aber sage euch: Tut allen Gutes. Betet für die, die euch verfolgen. Betet für eure Feinde. Liebt eure Feinde. (vgl. Mt 5,43f; Lk 6,27f) Der Mensch braucht eine Justiz, die funktioniert und dem Einzelnen einen Platz in dieser Welt sichert. Das ist die eine Seite. Gleichzeitig fragt man sich: Genügt das schon? Dazu passt die bekannte Geschichte im Evangelium, als der junge Mann Jesus fragt: Meister, was muss ich tun, um das Leben zu erlangen? Jesus antwortet: Du hast im Gesetz alles. Der junge Mann erwidert ihm: Die Gesetze habe ich von Kindheit an beachtet. Was fehlt mir noch? Jesus antwortet: Das Entscheidende fehlt dir noch. Wenn du vollkommen sein willst, verkaufe alles, was du hast und gib den Erlös den Armen; so wirst du einen bleibenden Schatz im Himmel haben. Der junge Mann wurde sehr traurig, denn er hatte einen großen Besitz und konnte sich davon nicht trennen. (Mt 19,16–22; Mk 10,17–22)

Damit ist ein Weg gewiesen, dass letztlich nicht das Gesetz den Frieden garantiert, sondern die Liebe. Wenn Menschen die Liebe haben, dann bemühen sie sich auch, den Sinn des Gesetzes zu erkennen als eine Hilfe, um Liebe zu verwirklichen. Gott hat den Menschen so geschaffen, wie er ist. Wie ein Kind gesagt hat, Gott ist allein schuld, dass es auf der Welt so viel Schlechtes gibt, weil er den Menschen so gemacht hat. Was ist also so anders am Gesetz der Liebe, dass ich auf Vergeltung und Rache verzichte und offen bin für die Botschaft, dass Gott alle Menschen liebt: Wenn ich die Liebe habe, ist alles eingeschlossen und ich brauche nichts weiter. „Liebet einander wie ich euch geliebt habe."

Es wird sichtbar, was der Glaubende von innen her, aus seinen persönlichen, menschlichen Erfahrungen und aus dem großen Weltgeschehen immer wieder entdecken kann: Ohne Gott ist kein Friede möglich. Ich muss meine ganze Kraft einsetzen, um im irdischen Bereich für Gerechtigkeit zu sorgen. Aber die Quelle des Friedens ist die Geborgenheit in Gott. Friede auf Erden den Menschen, die in Gott geborgen sind, den Menschen ein Wohlgefallen. Der Lobpreis Gottes bewirkt, dass in seiner Gegenwart der Friede kommt, dass Menschen mit Problemen fertig werden und sich freuen können. Der Mensch, der den Glauben nicht hat, der nicht von dem Bewusstsein durchdrungen ist, unverlierbar, ewig geliebt zu sein, wird vielleicht erst in der Todesbegegnung die Liebe Gottes erfahren. Ohne Gott geht es nicht. Wenn es um den Frieden geht, um den Frieden im Kleinen, auch in der Familie, müssen wir fragen, wo wir die Quelle des Friedens suchen. Bitten wir um das Geschenk des Friedens, von dem wir leben, das wir aber aus eigener Kraft nicht machen können. Wenn wir den Frieden erleben, ist es Gott, der hier erlebbar wird und ich kann Menschen erzählen, dass das ein Zeichen für die Liebe Gottes ist und er sich hier als Quelle der Liebe zeigt. Das ist mehr als alle Wissenschaft und theologische Theorie. Wenn man erfahren hat, dass es der Herr ist, der Frieden stiftet und wenn mich das so ergreift, kann ich selbst als Ergriffener davon bestimmt werden. Ich kann vom Frieden begeistert reden, vom Frieden, den Gott uns schenkt, sodass ich vom Geist Gottes erfüllt werde.

Der Prophet sagt: „Leben und Tod lege ich dir vor. Wähle also das Leben. Liebe den Herrn, deinen Gott. Halte dich an ihm fest, denn er ist ja dein Leben." (Dtn 30,19f) Die Wirklichkeit Gottes ist transzendent. Die Sehnsucht des Menschen ist auch transzendent, sie geht über das irdisch Machbare weit hinaus. Durch die Erfüllung der Sehnsucht nach göttlicher Liebe, die sich in der Jesusgestalt offenbart, sind alle Menschen gleich und durch menschliche Partnerschaft darfst du seine Liebe erfahren.

Gott ist offenbar geworden, man kann in ihn hineinschauen. Das heißt, dass in Jesus Christus offenbar geworden ist, dass Gott zum Menschen hingeht, ihn liebend in seine Arme nimmt und ihn nie mehr fallen lässt. Er begegnet liebend, auch wenn Menschen ihn hassen. Was den Hass überwindet, ist die Liebe. Man kann Hass nicht durch Gegenhass überwinden. Ich kann vielleicht mit Gewalt ein Gleichgewicht der Angst, des Terrors schaffen, aber nicht die Liebe, nach der sich der Mensch sehnt. An der Stelle könnte ein Nachdenken über Gott möglich sein, beispielsweise darüber, dass wir in der Natur so reich beschenkt sind, dass wir von dem allzeit liebenden Gott ergriffen werden können. Man muss die Liebe Gottes immer neu entdecken, machen kann man sie nicht.

Leben
aus dem
Glauben

Oft stellt sich die Frage: Was kann ich machen, damit Glauben entsteht? Wenn ich an die vielen Referate denke, die ich gehalten habe, so ist das immer ein Wagnis geblieben. Jetzt wieder hintreten vor hundert Leute und von Gott erzählen, während manche so negativ eingestellt sind. Es geht los. Ich komme hin und fange meistens an: „Gott, Gott geht mit, worauf du dich verlassen kannst." Dieser Ohrwurm ist schon bekannt und nun trägt sich das selbst weiter. Ich kann loslassen und das ist ein Geschenk. Es kommen die Einfälle, aber ich kann sie nicht vorher planen. Ich hoffe, dass Gott mich nicht im Stich lässt. Wenn er mich im Stich lässt und mir nichts mehr einfällt, muss er es selbst machen.

Der Mensch, der früher aus dem Katechismus gelernt hat, der Gott sozusagen in Form einer Doktrin erfahren hat, muss einsehen, dass dieser Gott heute das Leben nicht mehr trägt. Heute ist der Mensch darauf angewiesen, dass er aus der Erfahrung in der Begegnung mit Gott sein Vertrauen und seine Hoffnung gewinnt. Ich kann nur aus einem ganz persönlichen Glauben leben, es muss *mein* Glaube sein, ich kann nicht etwas zusammenglauben. Andererseits bin ich darauf angewiesen, meinen Glauben schon von vornherein einzurichten, also zu glauben, dass Gott die Liebe ist, auch wenn das Leid und die ganzen Probleme da sind. Es wird sich hinterher im Laufe meines Lebens erweisen, dass das stimmt und dass schwierige Leidsituationen letztlich Stellen werden können, in denen Gott sich öffnet und sich dem Menschen zuwendet. Das Zeugnis ist dann, wenn der Mensch versucht zu zeigen, wie ihm dieser Gott begegnet ist. Ich kann nicht beweisen, dass es ihn gibt; ich kann nicht beweisen, dass mein Zeugnis wahr ist. Ich kann nur bezeugen, dass ich das erlebt habe. Ich war schwer krank und wurde gerettet. Ich geriet in eine große Unfallkatastrophe. Für mich war das Gott, der damals seine Hand über mich hielt. Die Bilder vom Schutzengel versuchen das zu verdichten. Im Schutzengel ist Gott für mich ganz bei mir.

Vom Verstand her kann man Glauben beschreiben, aber nicht erzeugen. Vom Verstand her kann man genauso gut Glauben als Unsinn darstellen, sodass der Mensch doch wieder auf sich angewiesen ist. Man muss mit dem Herzen glauben. Einmal begegnete ich einem Menschen, der in schwerer Not war, und der nach unserem Gespräch Gott preisend sagte: „Du Herr hast mich gerufen, du hast mich gewollt." Der Betreffende konnte feststellen: „Für mich ist das Gottesbegegnung". Wenn ich die Liebe Gottes suche, kann sie mir aufgehen. Dies geschieht an erster Stelle in der Natur, wenn z.B. der Frühling kommt, die ersten Frühlingsblumen blühen und ich begeistert bin. Das habe nicht ich gemacht und das ist für mich eine Stelle, an der Gott vorkommt. Er ist immer da, aber die entscheidende Frage ist, ob er in meinem Leben in Erscheinung tritt.

Viele Menschen suchen den strafenden Gott, weil sie meinen, für die Gerechtigkeit sei es notwendig, dass jeder seine gerechte Strafe erhält. Gott ist schuld, dass der Mensch so ist, dass er so böse ist. Wenn ich weiß, dass Gott mich liebt, werde ich mit offenen Fragen und Problemen leben können. Ich werde im Laufe meines Lebens aber auch manches immer wieder klären und vertiefen können.

Der Mensch muss zum Prinzip der Liebe kommen, dahin also, dass er akzeptiert, dass Gott alle, auch seine Feinde liebt. Er muss versuchen, dieses Prinzip immer wieder neu mit Impulsen zu stärken, zum

Beispiel in Begegnungen, die den Menschen glücklich machen, die durch den Tod hindurch tragen. Ich kann nur versuchen zu zeigen: Schau her, das ist heute aufgegangen, gestern war es noch vollkommene Knospe. Das kann schon ein Schritt zur Gotteserfahrung sein. Dazu kommen die Literatur, die vielen Lieder, die guten Töne. Wenn ich suche, finde ich etwas, das ein Landeplatz für den Heiligen Geist, eine günstige Situation sein könnte. Gehe ich mit einem Geschöpf ehrfürchtig um, wird es lebendig. Wir sind mit ewiger Liebe geliebt, auch wenn wir diesen Gott nicht kennen.

Lass dich von Gott treffen

Gott hält alle Wege, die zu ihm führen offen. Diese dürfen, ja müssen von Mensch zu Mensch verschieden sein. Nur ein wahrer Gott, der verbindlich ist und den ich anerkenne, kann alle Menschen einen. Der allbarmherzige Gott hält alles, was es gibt, alle Geschöpfe bis hin zu den Tieren in seiner Hand. Bei jedem Spaziergang kann ich erfahren, dass er mir durch die Natur begegnen will. Die Liebe, Gott, zwingt mich nicht, er kann warten. Wenn einer ein ganzes Leben lang Gott nicht erfährt, habe ich die große Hoffnung, dass ihm im Jüngsten Gericht, wo alles sichtbar wird, aufgeht, dass alle Menschen und alle Geschöpfe von Gott unverlierbar geliebt sind. Er wird es annehmen können und selbst barmherzig werden. Das wäre auch das Ziel. Es können nur barmherzige Menschen beim Schöpfer leben.

Wo bleibt nun die Gerechtigkeit Gottes? Sie hängt am Kreuz. Er hat als Erlöser nur gezeigt, dass er nicht davonläuft. Es ist eine ergreifende Begebenheit mit Judas, der meint, Jesus müsste politisch alles richtig machen. Judas verkraftet nicht, dass er bedingungslos und unverlierbar geliebt ist. Ich kann einem Menschen sagen, du brauchst gar keine Angst zu haben, du brauchst auch nicht in die Kirche zu gehen, du musst Gott begegnen. Wenn dich die Gottesbegegnung innerlich trifft und beeindruckt, ist das Ziel erreicht. Die äußeren Dinge vergehen, aber in den äußeren vergänglichen Dingen kann es sein, dass es Ereignisse gibt, über die ich sagen kann: „Herr, groß ist dein Name. Das hast du in deiner unendlichen Liebe gemacht."

Das Wichtigste ist immer der Gedanke: Was wäre ohne mich? Das Wichtigste ist, dass es mich gibt, dass ich eine unzerstörbare Freude und Hoffnung habe. „Ich bin bei euch! Fürchtet euch nicht!" Davon ist die ganze Bibel voll. Viele Menschen lassen nur eine Dimension gelten, nur das, was in Raum und Zeit erfassbar und messbar ist. Es gibt aber die ganz anderen Wirklichkeiten, sichtbar beispielsweise im Symbol. Diese Wirklichkeiten werden unterschlagen mit der Einstellung, das ist ja nur ein Symbol, nur ein Märchen. Sobald etwas nicht mehr realistisch messbar ist, kann es sein, dass ich in das Ewige hineinschreite. Voraussetzung ist, dass ich bereit bin, nicht nur raumzeitlich definierte Wirklichkeiten gelten zu lassen. Wenn Gott da ist, brauche ich nichts mehr, weil mir das All-eine geschenkt wird.

Alle Überlegungen, Hilfen und Lehren sollen darauf hinzielen: „Herr, in deinen Händen ruhet mein Geschick". Ich selbst erlebe immer wieder Situationen, wo ich im Leben nicht mehr weiterkomme und wo ich mir vorsage: „In deinen Händen ruhet mein Geschick. Herr, meine Hoffnung ist bei dir." Du hast dich als der Barmherzige gezeigt und du bist auch dann der Barmherzige, wenn es nicht auf die Weise sichtbar wird, wie ich es gerne haben möchte. Ich muss Reifungsprozesse durchmachen, die die Voraussetzung dafür sind, dass ich überhaupt erfassen kann, was es heißt: „Mit ewiger Liebe habe ich dich geliebt." Wenn das einmal geschehen ist, ist sehr häufig eine Kraftquelle eröffnet, die nie mehr verschüttet wird, mit der ich leben und sterben kann.

Der primäre Weg geht über die Sinne. Jetzt müssten wir lange Zeit über die Sinne reden: sehen, hören, riechen ..., wo man Gott schmecken kann, wo durch das Schauen die Symbole sichtbar werden. Im

Weihnachtsevangelium heißt es: „Das soll euch zum Zeichen sein." (Lk 2,12) Ein Zeichen ist etwas, das zeigt. Was ist das Zeichen für Gott? Es ist das Jesuskind, das wir schon so oft betrachtet haben. Wir können es in die Arme nehmen und dabei Gott spüren. Was ich erfahren habe, kann ich an die Menschen, mit denen ich lebe und die es noch nicht erlebt haben, weitergeben. Die göttlichen Kräfte sind da, auch wenn sie mir noch nicht aufgegangen sind. Es gibt eine Zukunftshoffnung. Gottes Liebe spüre ich im Gänseblümchen, im Löwenzahn, in der Frühlingswiese.

Ich werde offen für die Lichtpunkte, und wenn es nur ein Vogelgezwitscher ist, das durch das Fenster dringt oder die Nähe eines Menschen. Nähe, Essen und Trinken sind die Hauptstellen, an denen Gott vorkommt in unserem Leben. Er ist da und wenn ich ihn nicht sehe, kann ich ihn suchen. Ich bin offen, dass irgendwann wieder einmal ein Lichtpunkt kommt, der mich tiefer führt.

Trotzdem glauben

Ich glaube an Gott, weil ich ihn erfahren habe. Wenn ich sagen kann: Gott liebt dich auch, dann ist etwas geschehen, was alles verwandelt. Ich glaube an ein absolutes Ja zu Gott, zum Menschen. Wenn ich auch vieles nicht verstehe, noch nicht verstehe. Warum kann es Gott geben, wo so viel Leid, Elend und Schreckliches geschieht? Das kann weder wissenschaftlich noch theoretisch beantwortet werden. Es gibt Menschen wie Dietrich Bonhoeffer, denen es äußerlich schlecht geht, die aber trotzdem, gerade im Glauben gelernt haben, dass es ein höheres Wesen gibt, dem ich mich anvertrauen kann. Das ist der Punkt, an dem Gespräche möglich sind. In der Bergpredigt ist alles enthalten, worauf es ankommt. Der wahre Glaube ist dort, wo einer glaubt und sagen kann: „Vergeltet nicht Böses mit Bösem. Tut Gutes denen, die euch hassen. Betet für die, die euch verfolgen. Liebet eure Feinde." Wir kommen immer wieder darauf zurück.

Ich kann einem Menschen alles zugestehen. Er kann verschiedene Riten und Rituale haben. Der entscheidende Moment ist, ob ich das Prinzip der absoluten Liebe wenigstens der Intention nach – so gut ich eben kann – mit den eigenen Kräften zu verwirklichen suche. Es können die Kräfte Gottes, die ich brauche, aber nicht habe, die Kraft der Feindesliebe wirken. Alles braucht diese Kraft, die ich nicht machen kann, die aber der Ursprung des Lebens ist und mir immer wieder weiterhilft.

In dem Moment, in dem ich das ewige Geliebtsein Gottes erfahre, ändert sich etwas in meinem Leben. Was ist so anders, dass ich sage, das ist erstrebenswert? Es ist das Erbarmen, das dem Menschen zeigt, dass er auf das Vergeltungsdenken verzichten kann. Jeder Hass, jede Neurose ist etwas Krankhaftes. Der Mensch wird davon befreit. Erlösung bedeutet Befreiung von allen vernichtenden Dingen, von den Zwängen, vom Konsumismus usw. Hier kann der Glaubende durch Askese, durch Übung und Gebet viel bewirken, was der Nicht-Glaubende noch nicht hat. Ein ganz zentraler Punkt ist, einzusehen und zu bejahen: Wenn du den Frieden willst, musst du fähig werden, Feinde zu lieben.

Den Hass besiegen

Das wesentlich Christliche, das der Mensch so schwer fasst, ist, dass Gott alle liebt, dass er die anderen auch mag. Wenn ich gefragt werde, was soll ich machen, ich habe einen solchen Hass auf diesen Menschen, antworte ich: Denke einmal, dass dieser Mensch von Gott mit ewiger Liebe geliebt ist. Wenn ich Gott erlauben kann, dass er meinen Feind auch mag, bin ich schon auf der Schiene der Feindesliebe. Ich kann diese Kräfte entwickeln, die ich aus eigener Kraft nicht erzeugen kann. Wenn ich mir vorstelle, Gott zeigt sich mir als ein Du, bin ich ergriffen. Ich zeige dir etwas, ich habe Zeichen, ich denke hier an das Kreuz und den Gekreuzigten. Es macht mich selbst auch frei, weil der

Mensch froh ist, wenn er nicht mehr hassen muss. Hass ist wie ein zerstörender Raureif, der die Wirkung der Liebe aufhebt. Hier wird sichtbar, dass Liebe und Leid zusammengehören. Gott wohnt in mir und wirkt in mir. Ich muss wissen und wollen, dass Gott die Liebe ist. Ich darf erfahren, dass Gott mir vergibt, um seine Liebe zu erkennen. Ich versuche durch die Begeisterung solcher Liebe die Angst zu überwinden. Ich kann mir vorstellen, dass einer nicht anrührbar ist und nicht bereit ist, seinen Hass zu besiegen. Vielleicht braucht er noch Zeit. Wir sind noch nicht so weit fortgeschritten, dass wir einen liebenden Gott annehmen können. Diese Liebe Gottes wird im liebenden Menschen ganz menschlich erfahrbar. Er ist die Liebe und wirkt in der Liebe.

Es bleibt die Frage: Was sind Schuld, Sünde und Gerechtigkeit? Für manchen Menschen ist es schwierig, zu akzeptieren, dass Gott die Liebe ist, die allen alles immer verzeiht. Da wird der Urschrei nach der Gerechtigkeit laut. Durch Gott wird unser Leben tiefer und reicher. Er straft nicht und verbietet nichts. Jeder wird selbst bestätigen können, wie schwer das Verzeihen ist, wie schwer es ist, unter Verzicht auf Rache und mit meinem ganzen Bemühen zu versuchen, an die Quelle des Lebens zu kommen, von der wir leben.

Was ist Sünde? Sünde kommt von Sonderung und bedeutet eigentlich das Auseinandergerissenwerden. Ich kann das Leben nicht mehr so nehmen, wie es ist. Wenn ich bestimme, was gut und böse ist, dann gefährde ich die Einheit der Gegensätze. Möchte ich nur das Gute erleben, werde ich dadurch nicht glücklich, sondern unglücklich. Werden im Himmel auch alle Menschen selig sein und keine Sünden mehr haben? Ja, es wird ihnen alles vergeben unter der Voraussetzung, dass sie bereit sind, so wie Gott allen alles zu verzeihen mit seiner Kraft und in seiner Kraft. Wenn alle Menschen allen alles verzeihen, dann ist der Friede vollendet.

Ich habe die Überzeugung, dass letztlich kein Mensch verloren geht, sonst wäre Gott nicht mehr Gott. Ich habe die Hoffnung, dass jedes Geschöpf in Gottes Hand geborgen ist.

Keine Angst mehr haben

Wir sehnen uns danach, dass wir so sein dürfen, wie wir sind, dass wir keine Angst mehr zu haben brauchen. Wir sind von Ängsten umgeben. Wie kann ich sie überwinden? Viele verdrängen ihre Ängste. Vom Glauben her kann ich sagen: Gott kann und will alles zu meinem Besten führen. Wir müssen bewusst leben, die Freuden entdecken, die jeder Tag bringt. Bei Gott ist kein Ding unmöglich. Als Kinder sagten wir den Spruch: „Wenn Gott will, grünt sogar ein Besenstiel." Mit diesem Gott, bei dem auch ein Besenstiel grünt, habe ich zu tun. Gott ist all-mächtig, das bedeutet: Gott ist in allem mächtig. Er kann seine Liebe auch da verwirklichen, wo wir sie in der Vergänglichkeit nicht, noch nicht, nicht mehr entdecken können. Ich kann diesem Gott auch zutrauen, dass er aus allem etwas macht. Gerade in der Beziehung zwischen Menschen kann ich diese einende Kraft als ein ewig Geliebter finden, die mir hilft, Angst zu überwinden und Leid zu ertragen.

Warum aber findet der eine diesen Gott und der andere nicht? Warum heißt es: Er hat Gott noch nicht gefunden? Wenn ich einem Menschen begegne, der durch die Liebe glaubwürdig geworden ist, so kann diese Begegnung eine Stelle werden, an der etwas überspringt, an der ich bewahrheitet finde, dass ich mit ewiger Liebe geliebt bin. Gott ist der schlimmste Fehler, den wir haben. „Gottsuchern gereicht alles zum Besten."

Vor dem Tod brauchen wir überhaupt keine Angst zu haben. Unsere Sehnsucht ist letztlich Sehnsucht nach der Begegnung mit Gott, nach der Vollendung. Die Worte von Augustinus „Unruhig ist unser Herz, bis es ruht in dir" beeindrucken mich. Ruhe im biblischen Sinn oder im Sinn des Kirchenlehrers ist der Platz, wo ich hingehöre. Dieser Platz ist bereitet. Entscheidend ist die Liebe. „Liebe und tu, was du willst."

Der Mensch hat sich im Gut-Böse-Denken eingerichtet. Er muss lernen, dass nicht alle Fragen in dieser Welt eine stimmige Antwort haben. Manches muss er aushalten. Er ist jetzt noch nicht in der Lage, das Ganze in sein Lebensbewusstsein zu integrieren. Manche entscheidenden Wirklichkeiten kann man nicht verändern, man kann sie nur ertragen. Ich darf nicht quälerisch andere belasten, sondern ich muss in Glaube, Hoffnung und Liebe leben. Am größten ist die Liebe. „Alle Not lässt sich durch Liebe heilen", sagt Pius XII.

Wie finde ich den Sinn des Lebens?

Die Frage nach dem Sinn des Lebens kann nicht beantwortet werden wie alle anderen Fragen, die unser Leben betreffen. Ich sage, das Leben hat keinen Sinn, und wenn du einen Sinn suchst, wirst du keinen finden, weil es keinen hat. Die entscheidende Antwort ist für mich: Das Leben *ist* sein eigener Sinn. Wenn ich das Leben finde, finde ich damit auch den Sinn.

Wie finde ich das Leben, den Sinn des Lebens? Da gibt es viel zu erzählen, das wir mit dem Verstand nicht beweisen können. Wenn ich hier und jetzt Freude erlebe, kann das zu einer Stelle werden, wo mir alles aufgeht, was ich nicht begreifen kann. Ich erlebe das bedingungslose Geliebtsein, die Geschenke der Natur, die mir mein Schöpfer als Paradies zugedacht hat. Ich kann den Sinn des Lebens nicht selbst machen oder beweisen. Es entsteht die Hoffnung, dass die Menschen mit offenen Fragen leben können. Das Ziel ist nicht, dass ich genau weiß, was Leben ist, sondern dass ich es so, wie es ist, annehmen kann. Ich habe den Glauben, dass der Schöpfer nichts Sinnloses schafft. Dies muss mir bewusst werden. Im Grunde genommen ist also die Frage nach dem Sinn des Lebens nicht beantwortbar. In den Erfahrungen meines Lebens kann es sein, dass ich so weit komme, dass Leben für mich einen Sinn hat, auch wenn ich ihn nicht begreife. Ich werde auch den Partner entlasten müssen, indem ich sage, ich kann dir nicht mehr geben, ich kann nur sagen, für mich ist das Leben, das Geliebtsein sinnvoll. Der Glaube, in dem ich die Deutungen des Lebens finde, lässt mich den Sinn des Lebens entdecken, indem ich diese Fragen nicht mehr zu stellen brauche. Ich kann Zeugnis ablegen und sagen: Für mich hat das Leben einen Sinn und ich bin glücklich, dass ich den Sinn habe. Ich habe die sichere Hoffnung, dass am Schluss alle Menschen in ihrem Dasein den Sinn des Lebens finden.

In früheren Zeiten war die Katechismusfrage Nummer eins: Wozu sind wir auf Erden? Wir haben gelernt: Wir sind auf Erden, um Gott zu dienen, ihn zu lieben und ewig bei ihm zu sein. Das stimmt, aber hier wird etwas in die Zukunft verschoben. Und wenn ich sage, ich bin auf Erden, um Gott zu dienen, kommen nur neue Zweifel: Was ist das für ein Gott, dem man dienen muss. Wo bleibt da die Allmacht Gottes? Der Schöpfer hätte sich doch alles sparen können, unsere elende Sünde. Wenn es das nicht gäbe. Irgendetwas musst du antworten, wenn dich jemand fragt, wozu bist du auf Erden. Ich möchte wissen, wozu ich da bin. Wir sind auf Erden, um glücklich zu werden, um zu erfahren und auf dem Erlebnisweg zu erkennen, wie unendlich und unverlierbar Gott uns liebt. Im ganzen Bereich der Schöpfung, wo uns vieles geschenkt ist und wo vieles vergänglich ist, ist das Geschenktsein in Erfahrung gekommen. Ich werde meine ganzen vergänglichen Freuden haben und diese sind Gefäße, in denen die Freude lebt und immer wieder lebendig wird. Die irdischen Freuden erreichen uns in ihrer Vergänglichkeit. Auch wenn wir beim Anblick des Leids fragen: Was habe ich jetzt? Ich möchte möglichst lange leben, möglichst leicht leben, doch ich entdecke, dass das Vergängliche vergeht. Aber was ich im Vergänglichen an Liebe erfahren habe und an Liebe weiterschenken durfte, ist unvergänglich. Hier ist die Erlösung zu finden, hier kommt Gott vor. Wenn ich keine Antwort finde auf den Sinn des Lebens, so brauche ich sie nicht mehr. Im Psalm 73 heißt es: „Herr, wenn ich dich nur habe, frage ich nicht mehr. Mag Herz und Fleisch mir schwinden. Du bist mein Gott, mein Anteil auf ewig."

So ist die Frage nach dem Sinn des Lebens kein theoretisches Problem, sondern eine Lebensaufgabe; das Leben trägt seinen Sinn in sich selbst. In unserem menschlichen Dasein kann es geschehen, dass der Sinn des Lebens oder besser: *das Leben* erfahren wird. Man kann also letztlich nicht verfügen oder wie bei einer Mondlandung planen, wenn es um den Sinn des Lebens geht. Die Erfahrung, dass das Leben einen positiven Sinn hat, ist nicht das Ergebnis einer Anstrengung oder Leistung im Sinn des außenweltlichen Fortschritts.

Der positive Sinn des Lebens ist identisch mit der positiven Lebenserfahrung selbst, mit der Erfahrung von Glück, Freude, Liebe – schließlich mit der „transzendierenden" Lebenserfahrung: „Ich bin angenommen von Gott."

Wenn der Mensch diese positive Sinnerfahrung seines Lebens – zu verstehen als Artikulation der Gotteserfahrung – auch nicht selbst fabrizieren kann, so ist es doch möglich und notwendig, dazu beizutragen durch Gegen-Leistungen, das heißt durch Leistungen im Sinn der Spiritualität, des Aufbaus der Innenwelt.

Die Frage nach dem Sinn des Lebens kann primär nicht intellektuell abgehandelt werden. Sie muss übergeben werden an die Beobachtung und Analyse derjenigen Menschen, die für uns akzeptabel künden und bezeugen, dass sie den Sinn des Lebens erfahren haben – dass sie den Sinn des Lebens im Glauben erfahren haben.

Viele Menschen leiden heute am sinnlosen Leben, und doch ist unsere Welt erfüllt von Sinn und Sinnlichkeit. Der Sinn unseres irdischen Lebens ist *in* unserer irdischen Welt zu finden, aber er ist nicht *von* dieser Welt. Wer meint, das Irdische sei Sinn und Inhalt seines Lebens, wer sein Streben nur auf Konsum, Macht und Reichtum richtet, wird enttäuscht. Und er täuscht sich selbst; denn die Sehnsucht jedes Menschen verlangt nach mehr, – nicht nach mehr *an* Konsum, sondern nach mehr *als* Konsum. Sättigung befriedigt nur die Triebe, aber nicht das Herz des Menschen. Das Sinnliche wird sinnlos, wenn man es vergötzt und zum Mittelpunkt des Lebens macht. Im Tod geht schließlich alles unter, was vergänglich ist. „Darum strebt nach dem, was im Himmel ist, wo Christus zur Rechten Gottes sitzt. Richtet euren Sinn auf das Himmlische und nicht auf das Irdische!" (Kol 3,1f)

Gott kommt durch die Sinne in den Sinn

Das Sinnliche ist nicht Selbstzweck, sondern „Medium", Vermittlung Gottes. Wenn ich meinen Sinn auf Gott richte und meine Sinne auf das Himmlische einstelle, kommt Gott durch die Sinne in den Sinn und wird der ewige Sinn meines begrenzten Lebens.

Meine Augen können mehr sehen als nur Dingliches; sie können Gott er-schauen. Meine Ohren können mehr hören als nur Töne; sie können ihn er-hören. Meine Hände können nach mehr greifen als nur nach Gegenständen; sie können ihn er-greifen. Wenn ich so meine Sinne auf Gott richte, darf ich schließlich umgekehrt erfahren, dass er es ist, der mich erschaut, erhört und sich mir ergreifend offenbart.

Wer Gott nicht erlebt, kann nicht an ihn glauben. Wer nicht an Gott glaubt, kann ihn nicht erleben. Es ist der Sinn unserer Sinne, dass wir mit ihnen das Übersinnliche erfahren. Man kann Gott mit der Vernunft erst begreifen, wenn man ihn mit Leib und Seele erfahren hat. Wir haben unseren sterblichen Körper mit seinen vielen Möglichkeiten, damit wir mit ihm Gott begegnen. In vielen Texten, Zeichen, Bildern und Symbolen wird er gegenwärtig, wenn wir sie im Feiern festlich verwirklichen. Texte, Bilder und Symbole sind Sinngestalten mit geistigen, ewigen Inhalten. Wer könnte Liebe erfahren ohne die vielen Zeichen, in denen sie enthalten ist. Wer könnte Gott, die ewige Liebe erfahren ohne die heiligen Texte und Symbole, in denen er sich verkörpert und uns begegnet.

Ich werde oft gefragt, ob ich doch ein bisschen etwas vom Himmel wüsste, etwas, worauf wir hoffen können. Beim Gedanken an den Himmel wird sichtbar, dass Gott selbst in der Jesusgestalt der Inhalt ist und dass das von ihm selbst verwendete Symbol sich zu offenbaren, Hochzeit ist. Die hochzeitlichen Augenblicke sind die Momente des Geliebtseins. Ich möchte ganz praktisch ansetzen. Du hast sicher schon einmal glückliche Augenblicke erlebt. Ja, aber sehr wenig. Aber du kennst diese Momente. Auch wenn es keine glücklichen Zustände gibt, es gibt glückliche Momente. Wenn ich so einen glücklichen, hochzeitlichen Augenblick erlebe, dann erkenne ich ihn als solchen und deute von hier aus das ganze Leben. Es kann mir immer wieder helfen, wenn ich versuche von diesen Augenblicken aus mein ganzes Verhältnis zur Schöpfung zu überdenken. Es kommen Kräfte, die der Nichtglaubende nicht hat oder noch nicht hat. Viele Menschen erfahren erst im Augenblick des Todes diese unzerstörbare Beziehung zum Schöpfer. Ich kann auch deutlich machen, dass ein irdisch selbst gemachter, materialistischer Glaube mich nicht erreichen kann, weil die Sehnsucht des Menschen über den irdischen Bereich hinausgeht. Der Mensch braucht mehr in seinem Glücksverlangen als er machen kann. Er ist darauf angewiesen, dass er immer wieder das Geschenkhafte in seinem Leben entdeckt.

Gegenwärtig im Symbol

Die Menschen haben in ihrem Denken noch nicht erfasst, was *Symbol* ist. Wenn ich in Symbolen Geschichten von Gott erzähle, ist er wirklich da und gegenwärtig. Rufen wir die Heiligen an, dann verwirklichen wir ihre Anwesenheit, weil niemand zu jemandem beten wird, den es gar nicht gibt.

Ich kann das irdische Leben auf ewige Werte hin gestalten, so dass die Freude immer wieder kommt. Die Menschen gingen nicht an besondere Stätten, an Wallfahrtsorte, wenn sie nicht Positives erfahren würden, worauf sie nicht verzichten können oder wollen. Gott ist die Liebe, darin ist alles zusammengefasst. „Wer in der Liebe bleibt, bleibt in Gott und Gott bleibt in ihm." (1 Joh 4,16b) Gott und Liebe sind nicht trennbar. So wird Gott auch der Halt im Leben. Der Halt an materiellen Dingen enttäuscht im entscheidenden Moment. Dieser Gott, der sich in Jesus geoffenbart hat, ist immer bereit. Offenbaren meint die Offenheit, die Gott in der Jesusgestalt bekommen hat. Dies ermöglicht auch uns, offen zu werden und immer stärker die Glaubenstiefe als Lebensprinzip zu finden und uns dafür zu entscheiden.

Sich selbst entscheiden

Noch vor vierzig Jahren war die Weitergabe des Glaubens, der Werte und der Lebenspraxis vorwiegend von außen her bestimmt. Symbolisch ausgedrückt: Die Gleise des Lebens waren vorgegeben, der Einzelne musste sich nur bemühen, sich die „Spurweite", das heißt die von Gesellschaft und Kirche vorgeschriebenen Verhaltensmuster anzueignen, um leben zu können. Die Spurweite wurde von den Gleisen mehr oder weniger fraglos bestimmt und bestätigt. Die Autoritäten wirkten wie Lokomotiven, an die man sich nur anzuhängen brauchte.

In unserer inzwischen „permissiv" gewordenen Gesellschaft, in der fast alles erlaubt und möglich ist, sind die Gleise, das heißt viele überkommene, bewährte Lebensformen und Wertsysteme einfach verschwunden. Die früher mehr oder weniger unausweichlichen Lebensformen und Lebensweisen sind heute durch viele Angebote ersetzt, aus denen jeder auswählen muss. Diese Situation verlangt vom Menschen eine Entscheidung in der Sinnfrage des Lebens: Die einen glauben an einen vorgegebenen Sinn, den sie suchen und entdecken wollen; die anderen wollen den Sinn ihres Lebens selbst machen und bestimmen. In diesen Leerraum von Verbindlichkeiten treten heute Hunderte von religiösen Gruppen, die manchmal auch mit heimtückischen Methoden die Menschen für ihre Ideologien und Interessen zu gewinnen suchen. Die Gabe der Unterscheidung der Geister ist heute wichtiger denn je. Einerseits bietet unsere Zeit eine besondere Chance, zu einem selbstständigen, persönlichen und „fundamentalen" Glauben zu gelangen, dessen Gewissheit der persönlichen Gotteserfahrung entspringt; andererseits sind viele Menschen mit der Selbstständigkeit des Glaubens überfordert, sodass sie unkritisch einem Guru verfallen oder sich einer religiösen Gruppe (im Sinne einer Sekte) ausliefern. Früher wurde ein Mensch im Vergleich zu heute in eine gewissermaßen konkurrenzlose, funktionierende, religiöse Gruppe hineingeboren. Die Weitergabe des Glaubens und der Glaubenspraxis erfolgte durch Lehren, Verordnen und Einweisen. Wer heute im Wirrsal unzähliger Glaubenslehren und Glaubensangebote versucht, den „alten" Glauben mit den alten Methoden zu vermitteln, erreicht nichts oder nur das Gegenteil. Jeder Druck erzeugt Gegendruck. Ich kann eine Glaubensüberzeugung heute nicht mehr übernehmen, wenn sie mir ein anderer, eine vorgesetzte Autorität vorschreibt und mit Berufung auf ihre Kompetenz aufdrängt, womöglich noch mit Angstmachen und Drohen. Jeder Mensch – ob Priester oder Laie, ob Mann oder Frau –, der heute der Verbreitung des christlichen Glaubens dienen will, muss in der Vielfalt der Meinungen einen Freiraum schaffen, in dem sich der andere *selbst* überzeugen und seine *eigene* Glaubensüberzeugung gewinnen kann.

Wo früher das Lehren und Verordnen an erster Stelle stand, steht heute das *Zeigen*. Durch Erzählen, Zeigen und Gestalten mache ich den Glauben, der mein Leben trägt, für den anderen sichtbar und erlebbar. Die primäre Glaubwürdigkeit bei diesem Vorgehen liegt nun nicht mehr in der Stimmigkeit der Glaubenslehre, sondern in meiner

Person. Ich muss den Glauben „haben", den ich verkünde, nicht nur die „Lehre" davon. Das heißt aber, dass ich mich nicht aufzwingen darf, dass ich Geduld haben muss und nichts persönlich nehme, wenn mich der andere nicht oder noch nicht akzeptiert, dass ich dem anderen Zeit lassen muss. Mein Glaube muss so „fundamental" in sich stehen, dass er nicht die Zustimmung von allen braucht. Ich muss den Glauben und das Vertrauen haben, dass letztlich Gott den Glauben bewirkt. So wie mein Glaube Geschenk, Gnade ist, ist er es auch beim anderen. Gott liebt auch den Ungläubigen. Auch der Ungläubige und der, den ich für unglaubwürdig erachte, ist mein Bruder oder meine Schwester. Gott hat mir durch die Un- und Andersgläubigen viel zu sagen. Alles Beleidigtsein und alle Angst, der andere könnte verloren gehen, beeinträchtigen meine Glaubwürdigkeit und machen meine Glaubensgewissheit fragwürdig.

Echtes Glaubenszeugnis

Durch den Tradierungsbruch ist das Glaubenszeugnis des Einzelnen mehr gefordert als früher. Die Menschen interessiert heute weniger die Glaubenslehre als vielmehr die Echtheit des gelebten Glaubens. Auch wenn ich meinen Glauben nur sehr unvollkommen verwirklichen kann, so zeigt sich seine Echtheit in den Ansätzen, in meinen Denk- und Handlungsprinzipien. Durch das Zugeben meiner Fehler und Inkonsequenzen erweist sich auch die Echtheit meiner Gesinnung. Sich selbst vergeben, das heißt sich mit seinen Schwächen, Fehlern und mit seiner Schuld annehmen, ist wohl das Schwerste. Es ist aber auch die größte und reifste Frucht des Glaubens an den allbarmherzigen Gott.

Das Zeugnis dieses Glaubens verwirklicht sich in zwei Momenten: Ich werde demütig, das heißt ich kann mir auf mich selbst nichts mehr einbilden, und ich kann niemanden mehr verurteilen. Die Gnade Gottes macht mich gnädig. Wer gnadenlos oder „halbgnädig" von

Gott redet, gefährdet den heilenden, rettenden und versöhnenden Glauben für sich und andere.

Gottesbild und „wahrer Glaube"

Viele Werte, Wahrheiten und Weisheiten sind uns heute abhanden gekommen. Wir können sie nur durch Entdeckung, nicht durch Verordnung wieder gewinnen. Das Leben trägt seine festen Gesetze und Ordnungen in sich. Wenn sie bewusst werden, und wenn man sie akzeptiert, werden sie zur unverzichtbaren Lebenshilfe. Vielleicht sind feste Gleise in unserer Zeit nicht mehr angebracht und nicht mehr anzubringen, aber Spurstreifen der Orientierung sind nötig; ohne sie endet die rasende Fahrt unseres heutigen Lebens unweigerlich im Chaos der Vernichtung.

Alle Probleme, Fragen und Streitfragen im Bereich des christlichen Glaubens und der christlichen Verkündigung laufen zusammen in der Frage nach dem Gottesbild. Bevor wir uns mit dem Gottesbild befassen, wollen wir uns der Frage nach dem „wahren Glauben" stellen. Im Prolog zum Johannes-Evangelium lesen wir: „Das wahre Licht, das jeden Menschen erleuchtet, kam in die Welt." (Joh 1,9) Das, was Jesus schließlich verkörpert, und was er in die Welt gebracht hat, ist etwas, das *jedem* Menschen einleuchten könnte. Im Wirrsal heutiger Meinungen, aber auch zur Deutung meiner eigenen gegen Selbsttäuschung nicht gefeiten Lebens- und Glaubenserfahrungen brauche ich Kriterien der Wahrheit. Diese Kriterien entspringen einem menschlichen „Urglauben" vor aller dogmatischen Erfassung: Ein Glaube, der Angst macht, spaltet, zu Feindbildern und Verurteilungen führt, kann nie der „wahre" sein. „Wahr" kann nur ein Glaube sein, der im Prinzip von allen Ängsten befreit, der eint, der zur Versöhnung auch mit dem schlimmsten Feind führt. „Wahr" kann nur ein Glaube sein, der zu den Grundwerten Toleranz und Solidarität führt. Ohne diese Grundwerte ist ein Überleben der Völker angesichts der modernen

Vernichtungsmöglichkeiten sehr gefährdet. Wenn man die Verdunkelungen und Verfälschungen, die der christliche Glaube durch das angeborene Macht-, Rache- und Vergeltungsdenken erlitten hat, aufhellt, könnte man im christlichen Glauben, das heißt im Glauben an die absolute Liebe, den einzig „wahren" und „allein seligmachenden" Glauben entdecken. Diesem Glauben entspricht das Gottesbild von einem absolut, unbedingt, grenzenlos liebenden Gott, der allen alles immer verzeiht. Dieser Glaube gründet in einer Entscheidung des Menschen, für die er letztlich kaum ein anderes Argument anführen kann als die eigene Ansicht und Einsicht. Dieses Gottesbild und dieser Glaube haben auch eine starke Gegnerschaft. Für viele ist ein allerbarmender, liebender Gott angesichts des Leids und des Bösen in der Welt undenkbar: „Wo bleibt die Gerechtigkeit?" – „Ein nichtstrafender Gott ist ein Hohn angesichts von Millionen Ermordeter. Das Gerede von der Liebe ist eine Aufweichung und Verharmlosung der christlichen Botschaft."

So stehen sich letztlich unvereinbar die zwei Gottesbilder gegenüber vom „gnadengerechten" und vom „strafgerechten" Gott. Auch die Bibel ist an sich nicht eindeutig. Wer an die absolute Liebe glaubt, findet in der Bibel dafür eine großartige Bestätigung bis hin zur Verkörperung dieser Liebe in Jesus Christus. Wer aber an den strafenden, rächenden Gott glaubt, findet auch dafür Belege. Das angeborene Vergeltungsdenken und das im Glauben gewonnene Vergebungsdenken sind eben nicht miteinander zu vereinen. Überall im Leben gilt das Gesetz Sowohl-als-auch. Hier finden wir das Entweder-oder als Gegenstück zum Sowohl-als-auch. Diese Unvereinbarkeit der Gegensätze zeigt sich in der Bibel zwischen El und Baal.

Auch die Frage, ob es ewig Verdammte gibt, ist objektiv nicht beantwortet, weil sie nicht beantwortbar ist. Wer an die absolute Liebe glaubt, hat die Hoffnungsgewissheit, dass es keine ewig Verdammten gibt. Wer an den strafgerechten Gott glaubt, wird ohne

Verdammte nicht zurechtkommen. Jeder kann nach seiner eigenen Einstellung Bibel und Dogmatik interpretieren. Etwas anderes ist gar nicht möglich. In dieser Pattsituation liegt aber doch ein gewaltiger „Sprengstoff" verborgen: Der, der an einen gnadengerechten Gott glaubt, kann seine Gegner verstehen und tolerieren. Aber umgekehrt kann der, der an den strafgerechten und rächenden Gott glaubt, den allbarmherzigen Gott nicht tolerieren, weil der Glaube daran seine Identität in Frage stellt. Er „braucht" den Teufel, die Hölle und so weiter; sonst müsste er sich zum allbarmherzigen Gott bekehren. Vom Kriterium der Toleranz her gesehen, hat der allbarmherzige Gott doch mehr Chance als der „wahre" zu gelten.

Der vergeltungsgerechte Mensch sieht in der Allbarmherzigkeit nur das Nicht-bestraft-werden. Er übersieht, dass der allbarmherzige Gott vom Menschen die Überwindung der Vergeltungsgerechtigkeit verlangt, zu der er nicht bereit ist. „Seid barmherzig, wie euer himmlischer Vater barmherzig ist!" (Mt 5,48; Lk 6,36) Man kann an einen allbarmherzigen Gott nur glauben, wenn man selbst wenigstens prinzipiell allbarmherzig geworden ist. Wer dies bedenkt, wird angesichts der geforderten Feindesliebe kaum mehr von Aufweichung und Verharmlosung sprechen. Der Glaube an die Herrlichkeit der Liebe Gottes, vor der sich am Ende „jedes Knie beugen wird" (Phil 2,10), gibt uns Hoffnung, dass sich letztlich alle bekehren werden, und dass aller Hass zur Aussöhnung kommt. Den Prozess der Versöhnung zwischen Verbrecher und Opfer darf man sich nicht billig und bequem vorstellen. Dieser Vorgang wird uns durch das Erbarmen Gottes ermöglicht, aber nicht erspart.

Barmherzig werden

Eine große Schwierigkeit in unserer Spiritualität ist in diesem Zusammenhang die Verkündigung des „Opfertodes" Jesu. Gerade Jesus hat uns befreit von der Vorstellung des „zornigen" und „beleidigten" Gottes, der für sich „Sühnopfer" verlangt. Sühne und Wiedergutmachung ist zwischen uns Menschen notwendig, damit wir zur Versöhnung und Annahme unserer Schuld gelangen. Gott vergibt bedingungslos allen alles immer. Aber die Vergebung, die immer da ist, bleibt in dem Maße vergeblich, als wir nicht barmherzig und versöhnlich werden. Einfach gesagt: In den Himmel dürfen wir alle, aber vertragen müssen wir uns selbst.

Man kann das ganze Versöhnungsgeschehen einfach zur Sprache bringen. Nach vielem Nachdenken kommt man vielleicht zu der Einsicht: Alles Leid besteht letztlich darin, dass wir uns und die anderen nicht „leiden können". Etwas leiden können heißt, etwas so annehmen, wie es ist. Wir können uns „nicht leiden", weil uns niemand ganz leiden kann. Gott durchbricht diesen Teufelskreis: Er wird Mensch. Jesus opfert sich, das heißt, er gibt sich dazu her und dafür hin, um allen Menschen zu zeigen und zu bezeugen, dass Gott nie aufgehört hat und aufhören wird, alle Menschen bedingungslos zu lieben. Er hat uns er-litten, damit wir uns selbst und einander leiden können.

Wo die Liebe vorkommt

Schließlich sei noch hingewiesen auf die Stellen in unserem Leben, in denen die absolute Liebe für den Glaubenden vorkommt: Es ist unsere Sehnsucht nach Liebe und es sind die Sternstunden, die erfüllten Augenblicke in unserem Leben, die wir auch unter schwerem Leid erleben können. Unsere Sehnsucht verlangt nach mehr als Konsum und nach mehr, als was wir uns selbst bieten können und was die Welt uns geben kann. In den erfüllten Augenblicken ist alles da; doch können wir nichts festhalten. Aus diesen Momenten können aber der Glaube und das Bewusstsein eines unzerstörbaren Glücks entspringen, nämlich die Gewissheit, dass wir mit ewiger Liebe unverlierbar geliebt sind. Diese unverlierbare Freude ist der Ursprung und das Ziel aller Spiritualität und „Geistlichkeit" und auch die unversiegbare Quelle der Kraft für alle, die offiziell oder privat den christlichen Glauben verkünden.

Es ist Gnade, wenn ich zu Wort komme und wenn ich mir diese Gnade schenken lasse. Ich spüre auch, dass ich in der Hand von wunderbaren Mächten stehe. Wie kann es einen Gott geben, der ein Gott der Liebe ist, wenn in unserem Leben wenig Liebe spürbar ist? Ich kann mich nur öffnen, die Geschenke und Angebote entdecken, und zulassen, dass er, der die Feindesliebe ist, in mir wirkt.

Für mich ist wichtig, dass ich in die Gemeinschaft der Seligen oder christlich gesprochen der Erlösten komme. Wenn ich genug spüre, dass ich geliebt bin, kann das zur Stelle Gottes in meinem Leben werden - mehr oder weniger. Machen kann ich das jedoch nicht. Das Nicht-selber-machen-Können ist ein Schritt zu mir selbst, zum Leben, an der Stelle, an der ich bin. Zur Stelle, an der ich frage, wenn ich etwas nicht verstehe, und lerne, mit diesen offenen Fragen, warum Menschen so viel leiden müssen, zu leben. Wenn ich so geliebt bin, finde ich die Geschenke in der Natur und vor allem die Geschenke in der zwischenmenschlichen Liebe. Das Glück in der Beziehung, in der Familie machen die Leute nicht, sondern es ist ein Geschenk.

Wir müssen uns befreien, weil der Mensch ein Egoist ist, der immer wieder haben und besitzen möchte, was ihn glücklich macht. Er tut alles, um es zu besitzen, dann jedoch wird es entsetzlich. Das ist die Quelle des Unglücks. Es gibt Befreiungsübungen, Betrachtungen, Begegnungen. Einmal werde ich meinen sterblichen Leib loslassen und der Moment, in dem ich loslasse, ist der Augenblick, in dem mir aufgeht, dass das Leben ewig ist. Vieles, was mir Freude macht, kann ich mit den Sinnen erleben und ich sehe, wie ich von meinem Schöpfer beschenkt werde. Im vergänglichen Dasein wirkt dann die Kraft des ewigen Geliebtseins. So beginne ich immer wieder neu im Vertrauen, dass das Leben stärker ist.

Der Traum
von einer
Kirche mit
Zukunft

Ich träume von der Kirche der Zukunft als einer Großgemeinschaft aller, die an die absolute Liebe glauben. Diese Kirche schließt zum Beispiel auch die Muslime oder aus der Kirche Ausgetretenen ein. Ich brauche nicht zu urteilen, ob ein Mensch zu Gott gehört oder nicht. Das ist eben wieder die Frage des Erbarmens. „Wer in der Liebe bleibt, der bleibt in Gott und Gott in ihm." (1 Joh 4,16b)

Wenn ich zukunftsweisende Worte für die Verantwortlichen in der Kirche aussprechen soll, würde ich sagen: mehr träumen. Im Träumen kann ich Wirklichkeiten zum Ausdruck bringen, die es realistisch gar nicht gibt, aber die das Leben tragen.

Die Institution ist eine Einrichtung, ein Versuch, die Dinge des christlichen Lebens zu regeln. Es ist nicht das, was Gott erwartet vom Menschen, wesentlich ist das Erbarmen. Wir brauchen eine Institution, aber die Institution als solche schafft es nicht allein. Wir brauchen die Liebe, wir brauchen Menschen, die bedingungslos erleben lassen, dass es gut ist, dass es dich gibt. Im katholischen Christentum zeigt uns das die Erlösung: Gott wird Mensch, um ganz menschlich zu zeigen, wer er ist und dass es ihn, diesen liebenden Gott gibt.

Die Sehnsucht verbindet alle Menschen, wir leben in Gemeinschaft. Die Zukunft unserer Kirche ist die Zukunft des Glaubens. In der Praxis bedeutet das: fasten, feiern, beten, sich dem Leben öffnen, weg vom Machen, hin zum Empfangen.

Viele Menschen sagen heute, die Kirche hat nichts mehr zu bieten; wir würden erwarten, dass wir für das Leben aus dem Glauben Hilfen bekommen. Von der Institution ist nichts Durchgreifendes zu erwarten. Nur ein liebender Gott macht die Menschen glücklich und liebend. Die Institution ermöglicht, dass die Menschen sich treffen und das soll im institutionellen Bereich auch so angeboten werden. Ich kann es nicht machen, dass Gott mich begeistert, aber ich kann es erfahren. Es kann sein, dass ich bestimmte Orte und Lebensweisen finde, die das Getragensein von Gott besonders fördern. Wenn ich von Gott rede, sollten Menschen glücklich werden. Dann ist das Kriterium vom wahren Glauben und der wahren Lehre von Gott erfüllt. Wenn ich nichts finde, muss ich suchen, dass ich es finde. Finde ich es woanders, muss ich woanders hingehen, entscheidend ist, dass ich zur Liebe finde, aktiv und passiv. Die Liebe, die von Gott her verstanden wird, ist eine Quelle, die mir immer wieder Hoffnung gibt und die Freude auch in schweren Zeiten nicht erlahmen lässt.

Den eigenen Glauben finden

Das Wesentliche an einer sichtbaren Kirche ist die institutionelle Kraft, die vom Glauben an den erfahrenen Gott ausgehen soll. Was in mir geschieht, wenn ich das weitererzähle ist meine Sache. Jeder kann glauben, was er will. Ich sage sogar, jeder *kann* nicht nur glauben, was er will, sondern jeder *muss* das glauben, was er will. Jeder muss seinen eigenen Glauben finden, vor aller Religion und vor aller Institution, obwohl diese eine große Hilfe ist.

Die Menschen, die von Gott begeistert sind, werden sich ganz automatisch aus diesem Geist heraus immer wieder zusammenschließen und ihre Begeisterung durch ihr gemeinsames Glauben verwirklichen. Dass man aus Gott leben kann, dass er da ist, das wirkt in den äußeren Bereich hinein. Somit kann das Gebet zur größten Hilfe und zur Gottesbegegnung werden.

Heute suchen die Menschen wieder nach einer in die Tiefe gehenden Wahrheit. Hier bietet sich die große Chance, auf diese Suche, auf diese Sehnsucht und auf die antwortenden Wirklichkeiten einzugehen.

Der gute Religionsunterricht, die gute Predigt bestehen darin, dass jemand von diesem Gott begeisternd erzählen kann. Dazu haben wir die Bilder, Zeichen und Symbole. Eine Predigt ist so gut, wie sie die Menschen glücklich macht. Kirche muss ein Ort sein, an dem Menschen Begeisterung erleben und zu Gott geführt werden können.

Begegnet mir dieser Gott in der Geschwisterlichkeit der Geschöpfe immer deutlicher, erwächst daraus auch die Kraft, in dieser Weise weiterzugehen. Wenn Menschen sich im Erlebnis des absoluten Geliebtseins zueinander hin öffnen, entsteht Kirche. Das Entscheidende ist das Einssein mit sich selbst (auf münchnerisch, dass ich mich selbst mag). Der Mensch vermag aus eigener Kraft nicht glücklich zu sein. Gott aber, der in Jesus seine bedingungslose Liebe geoffenbart hat, vereint uns miteinander. Jesus ist der Ursprung der Mögekraft. Wenn ich in Konflikte gerate – in meiner Gemeinde, in mir selbst, in meiner Familie, in meiner Heimat, im Staat –, es ist immer ein Schrei nach Liebe.

Der tiefste Sinn der Sakramente ist, zu zeigen, dass Gott mich liebt. Das muss ich spüren. Wenn ich Gott dann erlauben kann, dass er die anderen auch mag, kann aus dem Du und Ich das Wir entstehen. Diese Ver-wir-ung ist die Entstehung der Kirche. Heute könnte man folgendermaßen unterscheiden: Es gibt die Kirche so wie bisher, das ist die sichtbare Gemeinschaft all derer, die nach dem Prinzip der Bergpredigt leben wollen. Dann gibt es die unbewusste Gemeinschaft aller Menschen, die diesen Punkt suchen, also auf der Suche nach diesem Prinzip sind. Von daher sind alle Menschen in allen Religionen im Innersten eins. Das ist jetzt eine Zumutung: Es ist letztlich gleichgültig, in welchen institutionellen Formen es geschieht. Das Kriterium ist immer, dass es mir gut geht. Jeder soll seinen Konsum haben, aber dabei glücklich sein. Das erkennt man daran, dass er eine Ausstrahlung hat, die man anderswo nicht findet. Hier gilt das Wort vom anonymen Christen, das Karl Rahner geprägt hat. Es kommt nicht auf den Buchstaben an, sondern auf die Wirklichkeit. Auch Geben und Nehmen machen Freude, im anderen Fall ist es unerträgliche Last und Verpflichtung.

Religion als Botschaft der Liebe

Wenn ich mit Freunden beisammen bin, kommt oft dieser Gott, der alle liebt zur Sprache. Es gibt wohl keinen Menschen, keine Gruppe, wo Gott ganz fehlt. Er liebt alle Menschen, auch wenn sie ihn nicht spüren.

Wir Menschen sind neugierige, zukunftsorientierte Wesen. Die christliche Religion ist eine Botschaft der Liebe, die alle Menschen ergreift. Viele kehren der Kirche, die den liebenden Gott verkündet, den Rücken. Das hat viele Gründe. Der Mensch findet den Weg zu Gott nicht. Glaubensgespräche tragen dazu bei, dass sie Gott spüren.

Menschen wie Franziskus sind ein Geschenk als Vorreiter in eine neue Zeit, in der eine lebendige Kirche entsteht, die, weil sie von der Freude lebt, nicht verurteilt und nicht verteufelt, sondern die offen ist und offen macht für Gott, der die ewige Freude ist.

Die Zukunft der Kirche wird davon abhängen, ob die Menschen gläubig sind, ob sie sich auf Gott verlassen oder auf die Institution hoffen. Wenn alle Menschen zusammen mit der Institution versuchen, auf die Botschaft der Liebe einzuschwenken, dann könnte die Zukunft der Kirche kommen. „Gott ist die Liebe, und wer in der Liebe bleibt, der bleibt in Gott." (1 Joh 4,16b)

Vergebung braucht Vergebung. Ich kann Vergebung nur erfahren, wenn ich bereit bin, sie weiterzugeben. „Seid barmherzig, wie es auch euer Vater ist." (Lk 6,36) Darauf kommt alles an. Ich kann aus meinen eigenen Lebenserfahrungen darauf vertrauen, dass das Zusammensein mit an Vergebung glaubenden Menschen der Ort sein kann, wo ich das Erbarmen Gottes spüre. Sonst läuft man Gefahr, ins juristische Denken abzugleiten. Natürlich braucht es Strafe und einen gerechten Strafvollzug, der besser ist als ein ungerechter Strafvollzug. Die Sünde ist der Verstoß gegen die Liebe. In der Vergebung nehme ich es an, dass Gott uns geliebt hat.

Ein Ort für Gott und die Menschen

Die Kirche hat den Auftrag, zur Deutung der Lebensprobleme beizutragen. Sie könnte heute große Akzeptanz vorfinden, auch wenn die Zahl derer, die von der Kirche Abstand nehmen, wächst.

Die Kirche, das steinerne Haus, ist Raum und Ort für Gott und für die Menschen, die Gott suchen. Dort versammeln sich die Menschen in der Erwartung: „Wo zwei oder drei in meinem Namen versammelt sind, bin ich mitten unter ihnen." (Mt 18,20) Wenn nur zwei Menschen „gut beisammen" sind und sich begegnen, ist es Gott, der in der Begegnung wirkt. Die Gemeinschaft der Gläubigen, die feiernde Gemeinde, ist die lebendige Kirche, die aus der Kraft der Liebe lebt, die in Jesus verkörpert ist. Die lebendige Kirche macht auch die steinerne Kirche zum Symbol für Gott: Ich kann in Gott „eintreten", in ihm sein, bei ihm verweilen. Gott ist ein Haus. Er ist mein Haus. In ihm kann ich wohnen. Bei ihm bin ich daheim. In Gott ist mein bester „Aufenthalt". Bei ihm bin ich immer willkommen. Gott sperrt mich nicht ein. Er lässt mich mit neuer Kraft wieder gehen, damit ich mit der Kraft seiner Liebe meine Aufgaben in der Welt und in allen Bereichen meiner Verantwortung erfülle.

Die Kirche ist der Ort, wo Gott lebendig wird in der Feier der Symbole. Die heiligen Texte zeigen und erzählen, dass Gott und wie Gott den Menschen rettend und liebend nahe war. Im Vollzug der heiligen Zeichen und Symbole wird seine Nähe wieder gegenwärtig. Im Symbol wird er sichtbar, hörbar, be-greiflich. Als Brot und Wein wird er meine Speise, meine innere Lebenskraft. All dies bewirkt der Geist im Hier und Jetzt. „Der Geist ist es, der lebendig macht." (Joh 6,63) Die Symbole brauchen den Glauben und der Glaube die Symbole, damit die Wirklichkeiten zur Wirkung kommen.

Nun bleibt die Frage, welche Bedeutung die Kirche, die Institution in meiner Lebens- und Glaubenspraxis hat. Ich kann das ganze Problem auch in dieses Wort kleiden: Das Wichtigste in diesem Leben ist, dass es mir gut geht. Gut gehen im Sinn von Identität, der Freude, dass ich da bin, der Befreiung von Ängsten, vor allem vor dem Tod, weil der Tod nicht mehr ist. Man braucht eine Beziehung zu Gott, und wo Menschen gleichgesinnt sind, schließen sie sich zusammen, weil man in Gemeinschaft mehr verwirklichen kann als wenn man allein in der Isolation seines Daseins dahinvegetiert.

Freude als Richtschnur

Wohin soll ich mich wenden? Ich soll mich dahin wenden, wo es mich freut. Das wäre der Ansatz. Ich kann es selbst nicht machen. Wohin muss ich mich wenden, dass ich meine Spur finde? Die Spur meines Lebens ist ganz klar die Freude. Was ich mit Freude tun kann, das ist mir von meinem Schöpfer zugedacht. Es ist der Beweis, dass er mich will.

Früher wurde mit dem Jüngsten Gericht – so grausig im „Dies Irae" beim Totengottesdienst besungen (Tag der Rache, Tag der Sünden, wird das Weltall sich entzünden) – Angst gemacht, in der Vorstellung, dass die Angst den Menschen dazu bewegt, sich vorschriftsmäßig zu verhalten. In dem Gefühl vorschriftsmäßig gehandelt zu haben liegt eine gewisse Sicherheit und Angstüberwindung: Ich habe alles richtig gemacht. Herrgott, wenn ich einmal komme, da wirst du schauen.

Wenn ich im Gespräch das Jüngste Gericht eines Menschen vorspiele, stelle ich ein großes Interesse fest. Wie ist das, wenn man Gott begegnet? Von meinem Glauben her kann ich mit Sicherheit das sagen: Er wird dich fragen: Hat dich das Leben gefreut, das ich dir gegeben habe? Was hast du – im machbaren Bereich – für die Freude getan? Wenn ich selbst keine Freude mehr habe oder wenn mir die Hoffnung ausgegangen ist, wie bekomme ich sie wieder zurück? Ich bin am Verzweifeln, wie werde ich die Depression los? Ein gutes Mittel ist es, andere zu trösten. Du meinst, du kannst das nicht, weil du selbst keinen Trost hast. Aber da kann es sein, wenn du vertraust, dass wir alle in der Hand Gottes stehen, dass du Worte findest, die andere trösten. Das sind Wirklichkeiten, die nicht an eine bestimmte Religion gebunden sind. Sie sind einfach da, sie müssen erschlossen, angerührt werden.

Wir müssen die kleinen Freuden des Alltags wahrnehmen. Hier entscheidet sich, ob es uns gut geht oder nicht. Wenn wir durch unseren Egoismus die Freude stören und sie zu einem Konsumartikel machen, bringt das nur Verdruss. Uns ist die Freude geschenkt, damit wir feiern können. Wir sind zum Feiern auf der Welt. Es gibt so viel Freude, man denke an die ganze Sinnlichkeit, positiv gesehen. Das ist ein Geschenk vom Schöpfer, der will, dass wir uns freuen, dass wir gern leben, dass wir uns diese Freuden selbst gönnen, die uns der Schöpfer gönnt. Es gibt nur zwei Sünden gegen die Freude: einmal das Zuviel, wenn jemand konsummäßig die Freude zerstört, oder das Zuwenig, wenn jemand die Freude verachtet und sich bei Gott beklagt, dass er keine Freude hat. Dabei zerstört er die Freude durch seinen Egoismus und sieht den körperlich-sinnlichen Bereich nicht als Geschenk. Er bringt alles auf eine Ebene, wo die Freude keine Freude mehr macht.

Ursprung der Freude

Der Ursprung des Glücks und der wahren Freude ist die grenzenlose Liebe Gottes. Er hat es so eingerichtet, dass wir in unseren Beziehungen mit Menschen und mit allen anderen Geschöpfen Glück und Freude erfahren können. So kommen das Glück und die Freude letztlich nicht von den Menschen und von den Geschöpfen, sondern durch die Geschöpfe von Gott. Freude ist mehr als „Spaß"! Freude und Glück sind die tiefe Lebenskraft, mit der wir Leid, Not und Tod bestehen können. Glück ist nicht „Chemie", das heißt das Haben von Glücksgefühlen, sondern das Bewusstsein, mit ewiger Liebe, von einem ewigen Du, bedingungslos und unverlierbar geliebt zu sein. Es ist ein Geschenk; man kann es nicht machen, aber man kann dazu beitragen.

Wir sollen mit Freude „erfüllt" werden – „Füllung" ist der Vorgang der Freude und zugleich der Inhalt. In Jesus wohnt die „Fülle der Gottheit", die Fülle der Liebe. „Aus seiner Fülle haben wir alle empfangen ...". Gott ist Mensch geworden, um uns mit seiner Fülle, das heißt mit seiner allvergebenden Barmherzigkeit, zu „erfüllen". Erfüllt von seiner Liebe werden wir fähig, uns selbst und einander „von Herzen" zu vergeben. Gott schenkt seine Liebe „aus", und er schenkt sie uns „ein", wenn wir uns immer wieder öffnen, indem wir auf Rache und Vergeltung und unsere Selbst-Gerechtigkeit verzichten.

Das „Aus-geschenkte" und "Ein-geschenkte" ist das „Ge-schenk": die Gnade Gottes. Seine Gnade macht uns Gnadenlose gnädig.

Gott liebt alle Menschen zusammen und jeden einzelnen ganz einmalig. Für Gott bin ich einzig und einmalig - du aber auch. Gott kann das, was wir nicht können: Er kann alle Menschen und jeden Menschen auserwählen! Es ist immer gut, dass es mich gibt, so wie ich bin, weil ich das Ziel der ewigen Liebe bin. Gott mutet mir allerdings zu, dass ich ihm „erlaube", dass er den anderen, der vielleicht viel schlechter ist als ich, auch so einmalig liebt wie mich. Er erwartet von mir, dass ich diese gönnende Barmherzigkeit weitergebe, sonst kann mich seine Barmherzigkeit - das Glück des ewigen Geliebtseins - nicht erfüllen. Wer das Glück festhalten und „be-sitzen" will, wird davon „besessen" und verliert es; es wird „entsetzlich"! Wer es weiterschenkt, vermehrt es und wird davon selbst reicher. Freude will „über-strömen", „über-springen"! Eine Löwenzahn- oder Margeritenwiese zeigt uns, dass auch in der Vielheit das Einzelne konkurrenzlos und einmalig bleibt.

Alles, jede Blume, jeder Sonnenstrahl, jeder Regentropfen kann mir zum Zeichen der ewigen Liebe werden, wenn ich an sie glaube. Das Böse und das Leid in der Welt machen es mir oft sehr schwer, an die allgegenwärtige Liebe zu glauben.

Ich darf aber auch erleben, dass nach jedem Winter der Frühling kommt und nach jeder Nacht ein neuer Tag anbricht. Trotz Tod und Vernichtung geht das Leben immer weiter. Das Licht durchdringt die Finsternis und nie die Finsternis das Licht. Dies gibt mir den sicheren

Glauben, dass alles, auch das Leid und das Böse, umgriffen ist von der Kraft des ewigen Lebens und der Liebe, auch wenn ich vieles nicht begreifen kann. Aus diesem Glauben entspringt die Hoffnung, dass am Ende alles gut wird. In dieser Hoffnung wird die Freude unverlierbar und das Glück unzerstörbar.

Mein Körper ist der „Becher", das Gefäß meines Glücks. Betrachten wir die Öffnungen unseres Körpers: Augen, Ohren, Mund und Nase, – die vielen Poren unserer Haut. Überall sind wir für das Glück geöffnet. Wir sehen, hören, schmecken, fühlen, damit wir „begeistert" werden, damit wir mit den Sinnen das Über-Sinnliche, die Liebe und das Leben erfahren. Die Liebe „geht durch den Magen", sie „geht unter die Haut".

Jedoch verstopfen wir unsere Sinne immer wieder mit Konsum, sodass wir gierig und süchtig werden. Wir machen uns satt, übersatt und werden unzufrieden, aber nicht glücklich. Wir verwechseln die Geschenke des Glücks mit dem Glück selbst. Wir berauschen uns an den Geschenken der Liebe und werden dabei blind, taub und gefühllos für die Liebe selbst, die nur wenige Zeichen braucht, um voll da zu sein. Es ist unsere Tragik, dass wir uns nach ewiger Liebe sehnen und das Leben anfüllen mit vergänglichem und sinnlosem Konsum.

Es bleibt trotz allem der Sinn unseres Lebens, dass wir glücklich werden und uns freuen, dass es uns gibt; dass wir jetzt schon von der Fülle des Lebens empfangen, die uns am Ende des irdischen Lebens ganz erfüllen wird; dass wir jetzt schon „in den Himmel" kommen und vor nichts mehr Angst zu haben brauchen.

Apfelsegnung zum Geburtstag
Du hast heute Geburtstag;
ich will dir eine Freude machen.
Aber das kann ich gar nicht.
Ich kann dir einen Apfel schenken,

aber dass er dich freut,
das kann ich nicht machen.
Die Freude im Geschenk ist ein Geheimnis:
Jeder spürt sie, jeder verlangt nach ihr,
und doch kann sie keiner machen.
Wenn ich die Freude machen will,
kann ich sie nur vertreiben.
Ein Geschenk, das freut, ist ein Wunder:
ein Augenblick des Glücks,
in dem mich ein Strahl
der „ewig belebenden Liebe"
trifft und erfüllt.
Die Freude im Geschenk kommt immer
vom Ursprung aller Freude,
von Gott (vom „Christkind")!
Ihn habe ich gebeten, dass er „macht",
dass dich mein Apfel freut.
Dieser Apfel kann ein Wunder werden;
er ist „wunderbar".
Sorgfältig eingewickelt (in eine schöne Serviette einwickeln!)
verbirgt er sein Geheimnis
bis wir es entdecken.
Schau her!
Hier ist das Geburtstagsgeschenk (feierliche Überreichung!).
Ent-decke das Geschenk,
das ich dir gebracht habe! (behutsames Auswickeln)
– Einen Apfel!
Dieser Apfel ist von mir,
aber er ist gar nicht von mir.
Ich habe ihn von dem,
der auch dich vor X Jahren gemacht
und zur Welt gebracht hat.

Der Apfel enthält eine Botschaft von ihm,
der dich und den Apfel geschaffen hat.
Diese Botschaft darf ich dir vermitteln.
Schau den Apfel an,
er hat eine Geschichte:
Knospe, Blüte, Befruchtung, Reife, Ernte ...
Ich habe ihn für dich gemacht,
weil ich dich liebe,
weil ich dich am Leben erhalte,
weil ich will, dass du lebst.
Mit jedem Bissen sollst du es dir hineinessen,
lustvoll spüren und genießen:
Es ist gut, dass es dich gibt,
weil ich es will,
weil ich dich will, mit allem, so wie du bist.
Iss meinen Apfel, verleibe dir meine Liebe ein,
damit du gut am Leben bleibst.
Wenn du einmal traurig bist,
und vielleicht gar nicht mehr leben willst,
iss einen Apfel, –
trinke Apfelsaft, Apfelwein –
und denke an mich.
Ich bin immer für dich da,
wie der Apfel,
immer wieder frisch und neu.
Wenn du einen Freund, eine Freundin hast,
lade ihn (sie) ein,
erzähle ihnen von mir
und teile mit ihnen.

O Gott, von dem wir *alles* haben ...

Gelebtes
Glück

„Selig sind die Armen im Geiste" (Mt 5,3) heißt: Glücklich können nur die Menschen werden, die ihr Glück nicht selbst machen wollen, die beschenkbar und offen sind und die, wenn sie sich beschenken lassen, fähig werden, es an andere weiter zu schenken. Selig die Armen im Geiste meint, dass man in allem ein Geschenk des Schöpfers sehen kann, dass Gott die absolute Liebe ist und dass Gott in der Jesusgestalt gekommen ist. Ich bin davon überzeugt – das muss mir niemand abkaufen –, aber es ist meine tiefste Überzeugung, dass in jedem Menschen diese Sehnsucht nach absolutem, bedingungslosem Geliebtsein steckt. Ich habe den Glauben, dass diese Sehnsucht letztlich bei jedem Menschen erfüllt wird. Jetzt werden Sie sagen, wie kommen Sie dazu? Ich antworte, weil der Mensch so gebaut ist und Sie müssen es ja nicht glauben. Das ist das Risiko, dass ich an die Liebe glaube und so kann sich das erfüllen. In jeder Schlüsselblume kann ich entdecken, dass Gott die Schöpfung gemacht hat, damit ich glücklich bin, damit es mir gut geht im Sinn des absoluten Geliebtseins, dass ich in den Himmel komme schon in dieser Welt und dass ich in dieser Weltzeit schon erlebe, dass Gott die Liebe ist und daraus Hoffnung schöpfe. In jeder Schlüsselblume habe ich erfahren, dass er mich liebt. Jetzt habe ich auch die Hoffnung im Tod, dass er nie weggeht von mir. Ich sage mir immer wieder: „Gott, Gott, Gott geht mit, worauf du dich verlassen kannst." Durch solche Übungen geht das in uns ein, damit es uns immer mehr zum Bewusstsein wird. Es ist in jedem Menschen dieser Funke da, auch wenn er manchmal nur ganz wenig sichtbar wird. Das wäre der Ansatzpunkt für den Weltfrieden, das Weltglück und das Paradies auf Erden, dass die Menschen an die absolute Liebe glauben, dass sie diese Liebe spüren von der Schöpfung für die Schöpfung, von der menschlichen Liebe bis hin zu weiteren Geschenken menschlicher Liebe. Das wäre diese Traumidee vom Reich Gottes, die Traumidee vom Himmel auf Erden, die Traumidee „Gott ist die Liebe".

Die Schöpfung ist noch nicht vollendet. Vielen Menschen wird diese Liebe nur anfangshaft bewusst, den meisten Menschen vielleicht gar nicht. Doch im Tod oder im sogenannten Jüngsten Gericht, wo alles gerichtet wird, wird das erfahrbar und sichtbar werden. Gegensätze, die Gut und Böse auseinander schneiden, werden zur Einheit zusammengeführt, so dass erfahrbar wird, dass wir ewig Geliebte sind. Ich schreibe das in jedes Buch, das ich signiere: Mit ewiger Liebe geliebt. Das macht mich sehr glücklich, so dass ich auch den Andersgläubigen und den sogenannten Ungläubigen sagen kann: Eins weiß ich, Gott liebt dich immer. Ich kann immer darauf vertrauen, dass ich ein ewig Geliebter bin. Das soll mich motivieren und ich kann feststellen: Schau einmal her, da ist ein Mensch, der pflegt einen anderen, da ist ein Mensch, der seine Liebeskraft einem anderen schenkt, da ist ein Mensch, der spürt, dass alle Begegnungen, ob mit Tieren, Pflanzen oder Menschen die Begegnung mit dem ewigen Gott sind. Der einzig wahre Glaube ist der Glaube an die absolute Liebe.

„Dein Glaube hat dir geholfen"

Mich bewegt bei der Heilung des Blindgeborenen immer sehr das Wort: „Dein Glaube hat dir geholfen" (Mk 10,52). Dieser Glaube ist in jedem Menschen möglich. Das ist meine Überzeugung. Wenn jemand sagt, das ist ein Unsinn, dann sage ich, du brauchst es ja nicht zu glauben. Ende der Durchsage. Fragt jemand: Warum glaubst du eigentlich, so antworte ich, das kann ich dir genau sagen. Ich erzähle die Geschichten, wo Menschen in schwerstem Leid zur Begeisterung gelangen; wo sie trotz und in diesem Leid spüren können, ich bin ewig geliebt und das kann mir niemand nehmen.

„Meine Seele wird ruhig, wenn sie ruht in Gott." Wenn ich einen Tag lang diesen Satz meditiere, kann er zum Auslöser und zur Stelle werden, wo mich dieser Gott mehr oder weniger stark berührt. Behauptet einer, mir hilft das gar nicht, so sage ich, noch nicht. Ich bin überzeugt, dass auch du geliebt bist. „In deinen Händen ruhet mein Geschick." – „Ich habe dich bei deinem Namen gerufen." Bei jeder Blume, bei jeder Wolke und über den Wolken kann ich das erfahren. Vergängliche Werte, vergängliche Töne, vergängliches Glück, vergängliche Sinnlichkeit werden unvergänglich. Die Sinnlichkeit und alles Sinnliche vergehen, aber mit ewiger Liebe geliebt zu sein, unsere ganze Sinnlichkeit als Geschenk zu kultivieren, das ist der Sinn unseres Daseins.

Es ist die Zeit gekommen, in der sichtbar wird: Wenn es einen Gott gibt, dann nur einen Gott der Liebe. Du brauchst es nicht zu glauben, ich sage dir nur, warum ich glaube. Weil mich mein Glaube so glücklich macht, möchte ich dir das nicht vorenthalten. Es ist wichtig, dass die Menschen jetzt diese Botschaft bekommen. Dieser Jesus ist das Zeichen für Gott. Darum brauche ich keine Beweise mehr, Gottesbeweise sind ein Luxus, sinnlose Zeitverschwendung.

Fundstellen des Glücks

Wenn Friede sein soll auf Erden, braucht es friedliebende Menschen. Der Mensch hat Frieden in sich, wenn er nicht mehr diesen Zwängen ausgeliefert ist, nach denen er meint, er müsse sein Glück nach egoistischen Gesichtspunkten selbst gestalten. Lass los, damit das Glück kommen kann und der Weg zum Glück frei wird! Was kommt hier ins Spiel, wenn Menschen das Glück suchen? Schließt man die Gleichheit der Sehnsucht und die Gleichheit der Hilflosigkeit zusammen, so kommt man in den Bereich des Bittens. „Bittet und ihr werdet empfangen." (Joh 16,24) Bittet und ihr werdet sehen, dass ihr etwas habt. Bittet und ihr werdet sehen, dass das, was ihr habt, die anderen auch brauchen und wollen. Wo die Punkte der kleinen und großen Freuden sind, da sind die Fundstellen des Glücks in meinem Leben. Ich kann das hier erleben, und gerade der Künstler erlebt das besonders, wenn er angesprochen wird, wenn er angerufen wird und dadurch anrufend wird und andere anrufen kann.

Alle Menschen sehnen sich nach Frieden, Glück und Geborgenheit. Die Vorstellungen von Glück können jedoch ganz verschieden, sogar gegensätzlich sein. Sie können so gegensätzlich sein, dass Menschen sich um des Glücks willen bekriegen oder gar umbringen. Da beginnt die Tragik. Der Mensch erlebt, dass er das Glück nicht machen kann. Ich muss mittun, aber machen kann ich es nicht. Das Glück ist ein Geschenk. Wenn ich mich öffne, kann ich dazu beitragen. Das andere ist die Aktivität Gottes, der alles tut, um den Menschen zu zeigen, dass er sie ewig liebt. So können wir abschließend sagen: Das Glück des Menschen besteht darin, dass er erlebt, dass er in ewiger Liebe unverlierbar geliebt ist.

Das Glück erfahren

Der Mensch erfährt das Glück in den glücklichen Augenblicken – das sind die Momente, wo Menschen Glück in Begegnung erfahren. Martin Buber sagt dazu: „Alles wirkliche Leben ist Begegnung." Ich stelle mir vor, ich begegne einem lieben Menschen, den ich schon lange nicht mehr gesehen habe: „Dass du schon da bist!" Im Tonfall der Stimme spüre ich, dass das etwas Großartiges ist; da möchte ich auch dabei sein. Das ist Begegnung. Mein Glaube sagt mir, dass das nicht nur eine biologische Tatsache oder eine psychologische Gegebenheit ist, sondern die Wirklichkeit meines Glaubens, der ich vertraue. In den Kleinigkeiten des Alltags entdecke ich diesen allgütigen Gott, so dass ich sogar sage, es ist ein glückliches Leben. Ich kann mit offenen Fragen und Problemen leben, wenn ich mich geliebt weiß. Wenn ich diesem Gott nahe sein kann, wenn ich dieses Glück geliebt zu sein, anderen vermitteln kann, ist dies der Sinn meines Lebens.

Brauchen wir Gott? Viele sagen, sie brauchen ihn nicht. Aber es kann eine große Hilfe sein, wenn man eine Gemeinschaft hat, in der gemeinsame Werte angesprochen und verwirklicht werden. Gott teilt sich dem Menschen ganz von selbst mit. Ich brauche gar nichts zu unternehmen. Wenn ich begeistert bin, teilt sich diese Begeisterung den anderen mit. So können zwischenmenschliche Beziehungen ein Hauptort sein, wo ich Halt finde für mein Leben bis in den Tod und wo meine Ängste vergehen. Alle Menschen leben von Gott, ob sie es wissen wollen oder nicht. Es ist immer faszinierend von ihm zu reden. Wenn nun Gott schon allmächtig ist, warum macht er das nicht gleich selbst? Weil er gewusst hat, dass es zum Schönsten am Leben gehört, wenn ich einem Menschen sagen kann: Ich sage dir das im höchsten Auftrag. Es ist gut, dass es dich und mich gibt. Diese Freude über die schöne Botschaft ist die Frohe Botschaft. Darum ist das Geburtstag-Feiern so wichtig. Dass es dich gibt, ist eine großartige Sache. Ohne Glauben an Gott würde das nicht erlebt werden. Auch brauche ich eine gewisse Lebensreife, um das alles zu durchschauen, mit dem Verstand kann ich es nicht erfassen. Wenn ich krank bin und jemand bringt mir Blumen, so freut es mich. Es ist nicht selbstverständlich, dass ich besucht werde. Freut euch, weil ihr mit ewiger Liebe geliebt seid. Jeder wartet auf diese Botschaft. Ich bin ein Erwarteter und darf das den Menschen sagen. Das macht mich glücklich und führt uns zusammen.

Ich kann die Freude aus dem Glauben, die der andere in mir spürt und durch mich spürt, glaubwürdig weitergeben. Für mich ist entscheidend, dass ich aus der Freude lebe und ich kann Feinde nur lieben, wenn ich sie aus der Freude lieben kann. Man könnte vielleicht auch noch sagen, es haben alle Bereiche, allen voran die Kunst, die Aufgabe, diese Freude sichtbar und hörbar zu machen.

Traum-
gedanken
zum
Kirchenjahr

Das Kind in der Krippe

Das Kind in der Krippe zeigt, wie Gott ist. Er dient dem Menschen. Wenn Gott kommt, erfüllt er uns nicht nur, sondern er macht uns auch fähig, diese Fülle weiterzuschenken.

Das ist das ganze Konzept der Erlösung. Auf die Frage des Menschen: Gott, wo bist du? folgt die Antwort: Ich bin da. Du musst erst glauben, dass es Gott gibt, dann wirst du ihn erleben. Er ist auch da, wenn du ihn nicht spürst. Es gibt nur die absolute Liebe oder nichts.

Die Krippe ist das Zeichen, dass Jesus sich in das hiesige Dasein fallengelassen hat. Im Liedtext von Paul Gerhardt „Ich steh an deiner Krippe hier, o Jesu, du mein Leben" steckt alles drin. Die Kernaussage der Weihnachtsbotschaft ist, du bist mit ewiger Liebe geliebt. Denke solange daran, bis du daran glaubst und es dich ergreift. Vielleicht bist du noch nicht so weit. Du brauchst Geduld mit dir, weil es Prozesse sind, die sich entfalten müssen. Wir können dazu beitragen, dass der Glaube an das absolute Geliebtsein in uns lebendig wird. Auch wenn es manchmal nur Augenblicke sind. Wir wissen, dass es die absolute Liebe gibt.

Das göttliche Kind ist Symbol dafür, dass Gott nicht verurteilt, dass das Kind jeden anlacht, keine Bedingungen stellt, offen ist und offen macht für alle. Es erfüllt uns die Träume unserer Sehnsucht. Wonach wir uns alle sehnen und was wir nicht haben, das ist Friede, Freude, Liebe, Treue. Träume sind Wirklichkeiten. Wer die Kindheitsgeschichte kennt, weiß, hätte Josef nicht von Gott träumen können („... fürchte dich nicht, Maria, deine schwangere Freundin zu dir zu nehmen ..." Mt 1,20), hätte das Jesuskind nicht überlebt. Man kann überleben, wenn man von Gott träumen kann.

Zu Beginn steht die Vision von der Herrlichkeit Gottes. Was ist die Herrlichkeit Gottes? Die Herrlichkeit ist die letzte Wirklichkeit, die Energie, die das ganze Leben bestimmt. Diese Herrlichkeit, die letzte Herrlichkeit Gottes wirkt sich aus auf dieser Erde im Menschen, in den Menschen seiner Gnade. Wenn dem Menschen innerlich aufgeht, dass alle in der Liebe Gottes stehen, und wenn alle diesen Traum träumen, dann wird er Wirklichkeit.

Doch wie ist dieses Bewusstsein verloren gegangen? Der Mensch hat – das ist die Sünde – Gott aus sich vertrieben, aber nicht von sich. Gott ist nie weggegangen von seinen Geschöpfen und er geht nie weg. Weihnachten oder die Menschwerdung ist der Vorstoß dazu, dass Gott, der da ist, wieder in uns einziehen kann und uns erfüllen kann, dass dieser Traum in uns Wirklichkeit wird.

„Und das soll euch zum Zeichen sein: Ihr werdet ein Kind finden ..." (Lk 2,12). Das Weihnachtsfest, so wie wir es kennen, ist etwa im vierten Jahrhundert in Rom zum ersten Mal gefeiert worden. So lebendig ist das weihnachtliche Geschehen eigentlich erst durch Franziskus von Assisi geworden, der in Greccio eine Krippe mit lebenden Figuren und Tieren aufgebaut hat. Franziskus lässt das Weihnachtsgeschehen szenisch darstellen. Man muss hingehen an die Krippe, dass einem dieses Zeichen aufgeht, Gott ist Kind. Sein Erbarmen zeigt sich in unserer Erlösung durch Jesu Tod am Kreuz und auch – das ist ganz wichtig – im Kind Jesus. Gott zeigt sich als Kind, er ist da wie ein Kind, man kann hingehen. Ein Kind macht keine Angst, es nimmt alle Angst.

In der Erzählung von der Herbergssuche zeigt sich, dass man ihn abweist, aber er gibt nicht auf. Er geht da hin, wo Platz ist, unaufdringlich und doch unwiderstehlich. So wie ein Kind unwiderstehlich ist, nicht zwingend von außen her, sondern innerlich anrührend, entfeindend, entwaffnend. Die ganze Weihnachtspoesie, die vielen Weihnachtsgeschichten, Weihnachtsmärchen haben einen gemeinsamen Inhalt: Menschen in ihrer Not, in ihrer Angst, in ihrer Bosheit kommen, und auf einmal ist da nur noch das Dasein des Kindes. Wenn wir so die Krippe betrachten, könnte es sein, dass sich Gott als Kind auch in unser Herz einschleicht.

Der Herr ist wahrhaft auferstanden

Ich glaube an die Auferstehung. Hier wird sichtbar, dass es den Tod als Vernichtung des Lebens nicht gibt. Er ist irdisch gesehen das Lebensende, an dem offenbar wird, dass Leben ewig ist. Ich glaube an das ewige Leben, so könnte man es besser ausdrücken, ich glaube, dass das Leben ewig ist. Der Tod als der Feind, der alles vernichtet, ist überwunden. Das Leben ist stärker als der Tod, auch wenn es oft nur Augenblicke sind, in denen mir bewusst wird, dass ich in der Hand Gottes stehe und keine Angst zu haben brauche.

Es gibt viele Geschichten und Erzählungen in der Bibel, die uns dieses ewige Leben nahe bringen wollen, auch wenn man das irdisch nicht erfassen kann. Im Gespräch sage ich dem Menschen: Wenn Sie jetzt getröstet sind oder Mut haben, auf Ihrem Lebensweg weiterzugehen, dann ist dies Auferstehung; wo der Tod nicht mehr tötet und sich in diesem Leben eine neue Freiheit anbahnt. Wenn Jesus den Lazarus anspricht, ist er da, nicht physikalisch, aber existentiell. „Nehmt ihm die Binden ab" (Joh 11,44), die Binden irdischer Gebundenheit. Lasst ihn gehen, damit ihr als die Hinterbliebenen nicht die Hintengebliebenen seid. Es werden mir Worte einfallen, die alle Menschen trösten, die durch den Tod des Verstorbenen vereint sind und in eine Gemeinschaft getaucht sind.

Die Frage ist: Wo habe ich eine Beziehung zur Auferstehung? Ich kann die Beziehung nicht einfach aus der Luft greifen und so tun, als ob es eine Auferstehung gäbe, die es gar nicht gibt. Ich begegne Menschen, die den Tod, den Abschied durchgemacht haben und erfahren haben, dass sie in der Hand Gottes stehen. Dieser Tod tötet nicht und mich kann nichts vom ewigen Leben trennen, sodass ich keine Angst mehr habe. Wichtig ist ein positives Gottesbild: Gott, der mich geschaffen hat, ist die Quelle des Lebens. Er entlässt mich nicht aus seiner Nähe, auch wenn ich es lange nicht spüre oder ich vieles durchmachen muss, bis mir aufgeht, dass das ewige Leben ein Prozess ist und ich sagen kann: „Der Herr ist wahrhaft auferstanden."

Für mich ist prägend, wie ich als Kaplan dem ersten Sterbenden begegnet bin. Der alte Bauer sagte zu mir: „Kooperator, plage dich nicht, jetzt geht es heim. Es ist nicht schlimm, wenn einer stirbt, das musst du auch einmal lernen." Diese Angstlosigkeit, die dieser Mann auf mich und auf die Trauergäste ausgestrahlt hat, ist der „Beweis", dass es wahrhaft so ist, dass Jesus auferstanden ist. Diese Botschaft weckt eine tiefe Freude und befreit von aller Angst.

Ich glaube, dass das Leben ewig ist, dass es unzerstörbar ist. Das Erleben der Natur zeigt mir: Immer wieder kommen der Frühling und das Leben neu. Es ist ein Geheimnis. Wer stumpfsinnig dahinlebt, der sieht nichts, aber wer sensibel ist, für den kann schon eine Schlüsselblume ein Ostererlebnis werden. Er kann diese Freude an andere weitergeben. Wir brauchen die Ansatzpunkte im Sinnenhaften. Auch wenn die religiöse Wirklichkeit keine sinnliche ist, kann man durch die Symbole, zum Beispiel durch ein Schneeglöckchen sinnenhaft begeistert werden. Das Symbol ist nicht das Leben, es enthält das Leben und wenn ich mich dem zuwende, kann es sein, dass es mich ergreift und dass ich auf einmal begeistert bin. Ich sage, jetzt verstehe ich, ich brauche gar nicht mehr zu fragen.

Wenn einer das nicht erfährt, brauche ich viel Geduld, um den anderen so lange aushalten zu können bis er allmählich entdeckt, dass ich etwas habe, wovon ich lebe, was er nicht oder noch nicht hat und wonach er sich sehnt. Wenn wir zusammen ein Vaterunser beten, kann das eine Gotteserfahrung werden.

Wir tun uns schwer, den Vorgang der Auferstehung zu erfassen. Was kann uns helfen? Wie kommen wir zum schauenden Denken? Vielleicht ist das eine kleine Hilfe. Es heißt: Jesus ist für uns am Kreuz gestorben. Wenn wir heute mit der gültigen, mitteleuropäischen

Sprache das ausdrücken wollen, müssen wir gerade umgekehrt sagen: Jesus ist am Kreuz für uns auferstanden. Es hat sich ereignet, dass sich das Leben als stärker erwiesen hat als die sterbliche Hülle unseres jetzigen Daseins. Was man vom Kreuz abgenommen hat, war nicht Jesus, sondern der Leichnam Jesu. Was man in das Grab gelegt hat, war nicht Jesus, sondern der Leichnam Jesu. Was bei der Auferstehung geschehen ist, war nicht die Wiederbelebung einer Leiche, sondern das war das Offenbarwerden, dass all dieses Geschehen, das sich irdisch gesehen als Tod und als Sein zum Tod abzeichnet, getragen ist von der Kraft des ewigen Lebens. – Wie bekommen wir das in unser Inneres herein? Unser Weg ist gezeigt durch Zeichen und Symbole, durch das Körperliche als äußere Gestalt des eigentlich existentiell Inneren, von dem wir leben. Die Osterzeichen und Symbole sind vielfältig, unerschöpflich, aber wir können nicht mehr so gut mit Symbolen umgehen. Wenn ich über Osterthemen spreche, sagen die Leute: Ist bei Ihnen alles nur noch Symbol? Ich antworte: Bitte lassen Sie das „nur" weg. Symbol ist die größte Wirklichkeit, die es geben kann. In der äußeren, vergänglichen, materiellen, irdischen Gestalt wird etwas Geistiges, Ewiges, Unverlierbares mitgeteilt. Wir leben von Symbolen: Die Kraft der Liebe wird durch Zeichen und Symbole erfahren und nicht durch wissenschaftliche Erklärungen.

Ich brauche das Erlebnis, dass es gut ist, dass es mich gibt, dass ich mich freuen kann. Wenn mir jemand sagt, es ist gut, dass du da bist, dann kann das ein Funke sein, der in dieser Begegnung das absolute Geliebtsein aufzeigt.

In der Ostergeschichte von Maria Magdalena erfahren wir, dass ihr zuerst der Meister fehlt. „Sie haben meinen Herrn weggenommen" (Joh 20,2ff). Magdalena kann weinen, eine Verflüssigung ihres Schmerzes. Ein wildfremder Mann, der Gärtner spricht sie an und fragt: Warum weinst du? Was ist los? – Sie haben meinen Herrn weggenommen. Hast du ihn weggenommen? Sage, wohin du ihn gelegt hast, damit ich ihn holen kann. Es folgt das Schlüsselereignis, in dem das Wunder geschieht. Er, der vermeintliche Gärtner spricht ihren Namen aus: Maria! Sie fühlt sich beim Namen gerufen und in diesem Erlebnis des Gerufenseins, aus dem Schmerz heraus geht ihr in dieser Begegnung auf, dass der andere nicht ein Mensch ist, sondern der Herr: Rabbuni! Sie will das Erlebte festhalten. Jesus antwortet: Halte mich nicht fest, denn ich bin noch nicht zum Vater hinaufgegangen. Von oben her, hast du mich ganz für immer. Wenn diese Kraft und das Licht der Auferstehung der ewigen, unbegrenzten Liebe in uns anfängt, aufzuleuchten, verbindet uns diese Kraft auch über die Grenze des Todes hinaus mit unseren Toten, die für uns leben und mit denen wir die Verbindung aufrechterhalten, indem wir an sie denken, für sie beten und ihr Andenken bewahren.

Was ist an Ostern wirklich geschehen? Das historische Osterereignis, das äußere Geschehen ist: Die Jünger machen eine Erfahrung. Sie machen die Erfahrung, dass Jesus lebt. Sie betonen, dass ihnen die Erfahrung „widerfahren" ist und dass sie einen Glaubensprozess durchmachen mussten, um zu diesem Erlebnis zu kommen.

Das transzendente und das (das Irdische) transzendierende Glaubensereignis, das „eigentliche"' Osterereignis ist: Jesus wurde „auferweckt", er ist „auferstanden", er „sitzt zur Rechten des Vaters."

Die Ostererzählungen sind keine „Beweise", sondern Zeugnisse der Auferstehung. Glaubenserfahrungen kann man nicht wie ein äußeres, nur historisches Geschehen rationalistisch oder materialistisch „beweisen". Auferstehungserfahrung, Ostererfahrung ist ein Geschehen *in* dieser Welt, aber nicht *von* dieser Welt. Die Ostererzählungen sind Erlebnishilfen, damit auch wir Anteil an der Ostererfahrung der Jünger erhalten. – Ostererfahrung ist immer, auch heute, ein Geschenk des Auferstandenen und nicht das Ergebnis historischer Forschung. Die österlichen Zeichen und Symbole (besonders die Eucharistie und der Symbolgehalt der Ostererzählungen) sind für uns die wichtigsten „Medien", damit auch wir zur Ostererfahrung gelangen und damit auch *wir* in unserer Zeit *bezeugen* können: Der Herr ist wahrhaft auferstanden!

Vom Geist begeistert

Was ist der Heilige Geist? Er ist eine Kraft, zu der man „du" sagen kann. Der Heilige Geist begeistert. Überall, wo Begeisterung entsteht, ist er es, der das bewirkt. Wenn wir genau hinschauen, merken wir, dass wir an den Wirkungen, an den Auswirkungen, an den Früchten diesen heiligen, heilenden, heiligmachenden Geist erkennen. Bei Jesaja heißt es: „Der Geist Gottes, des Herrn, ruht auf mir." (Jes 61,1) Das, was ich tue, geschieht nicht aus meinem Kopf, sondern ich tue es im Auftrag Gottes, seines Geistes. Er hat mich gesandt, den Armen die frohe Botschaft zu bringen. Wir müssen uns ins Bewusstsein rufen, wir sind dazu berufen, die Menschen froh zu machen, den Sinn des Lebens zu eröffnen. Wir dürfen dazu beitragen, dass einer trotz allem nichts mehr verdrängen muss, dass einer mit seiner ganzen Schuld sagen kann, es ist wirklich gut, dass es mich gibt, weil Gott mich liebt. Daraus kommt auch die Kraft zur Gemeinschaft. Wir dürfen Armen die frohe Botschaft bringen; wir dürfen Armen, die ihr Menschsein noch nicht beglückend erfahren haben, dieses Glück bringen und die zerschlagenen Herzen heilen. Die zerschlagenen, zerbrochenen Herzen sind alle Beziehungsgeschädigten, zu denen wir mehr oder weniger alle dazugehören. Der Geist bewirkt, dass wir wieder herzlich sein können.

Wir haben den Auftrag, die Gefangenen aus dem Kerker zu führen, die zu befreien, die eingesperrt und gefesselt sind. Ich darf mit Gott niemanden einsperren. Wenn einer versucht, mit Gott einzusperren, ist bestimmt nicht der Heilige Geist am Werk.

Schließlich ist unsere letzte Aufgabe, Tote zu erwecken, zu zeigen, dass der Tod keinen Stachel mehr hat, dass der Vorgang des Sterbens ein Keimvorgang ist, ein Aufstehen, bei dem das Vergängliche abfällt. An ihren Früchten werdet ihr sie erkennen. Die Gaben des Heiligen Geistes sind: Weisheit, Verstand, Rat, Stärke, Wissenschaft, Frömmigkeit und Gottesfurcht. Wir brauchen diese Kräfte, weil wir ohne sie nicht leben können.

In der Taufe haben wir das Symbol, ein offizielles Sakrament, bei dem wir eingetaucht werden. Die Liebe Gottes geht unter die Haut, sie geht ein, sie geht durch, sie durchdringt. Aus dem Herzen Gottes kommen Blut und Wasser. Dies dringt in uns ein und schenkt uns Leben und Liebe.

Im Bereich der Beziehungen ist es der Geist Gottes, der uns in Verbindung bringt, uns in Beziehung setzt und auch darüber wacht, dass wir uns nicht vereinnahmen, sondern auf Distanz bleiben. Im Abstand entsteht diese dritte Kraft als das Inter-esse Gottes, das Dazwischensein, das uns immer wieder befähigt, aneinander echtes Interesse zu haben. Wir dürfen einander nicht ausbeuten, sondern sollen diesen Geist freisetzen, der uns glücklich macht. „Komm, Heiliger Geist, erfülle die Herzen deiner Gläubigen und entzünde in ihnen das Feuer deiner Liebe."

Von P. Rupert Mayer stammt das Zitat: „Das Christentum ist eine Religion der Liebe. Wer etwas anderes sagt, verleugnet das Christentum." Nur auf dieser Basis, dass alle begeistert sind, wird eine Einheit und eine Gemeinschaft möglich sein, wenn auch nicht im vollendeten und großen Stil, aber in der Idee. Es kann sein, dass der Mensch von Gott so begeistert ist, dass er aus dieser Begeisterung die Kraft schöpft, Friede, Freude, Freundlichkeit, Geduld, Sanftmut, Selbstbeherrschung hervorzubringen, wie es Paulus sagt, in der Frucht des Geistes. (Gal 5,22) So öffnen wir uns immer wieder dem Geist, der uns erfüllt, dass wir in seiner Kraft leben und glücklich werden, dass wir ja sagen können und unser Leben der Freude dient. Versuchen wir es, den Dienst der Freude anzunehmen und so den Inhalt und den Sinn unseres Daseins zu verwirklichen.

Biblische
Traum-
gedanken

„Wer ist mein Nächster?"

„Meister, was muss ich tun ...?" Hier fragt einer nach seinem Pensum, das er zu leisten hat. (Lk 10,25–37) Die Frage konzentriert sich darauf: Wer ist mein Nächster? Eigentlich ist das gar kein Problem, denn das Wort „Nächster" sagt bereits: Jeder, jeder, der mich gerade braucht, der mir über den Weg läuft.

Jesus geht mit seiner Geschichte auf diese Ausweichfrage gar nicht ein, sondern funktioniert sie um: Es ist nicht wichtig zu wissen, wer ein Nächster ist und wer nicht, sondern es geht darum, ein Nächster zu werden.

Hier liegen die Probleme. Es hindert uns viel daran, ein Nächster zu werden. Oft ist es unsere Schuld, dass wir so blockiert sind und dass wir den anderen nicht annehmen können, wie er ist.

Wir müssen damit rechnen, dass die Situation des anderen auch ganz anders sein kann als wir aufgrund des eigenen Bezugsrahmens und der eigenen Klischeevorstellungen vermuten. Wir urteilen über das Verhalten des anderen und legen ihn fest. Dadurch blockieren wir uns selbst (oft unbewusst). Das ist auch ein Symptom der eigenen Unfreiheit: Wir können nicht über den anderen nachdenken, ohne gleich zu urteilen. Wenn wir den anderen so lassen, wie er ist, wenn wir ihm auch unsere Schwächen und Blößen zugeben, helfen wir ihm oft mehr als mit gezielten Maßnahmen. Wir werden annehmbarer!

Wir möchten den anderen („mit gutem Recht") so haben, wie wir wollen. Wir „behandeln ihn", damit er „gesund" wird. Unter „Gesundheit" verstehen wir die Übereinstimmung des anderen mit unseren Erwartungen und Vorstellungen. Unsere „Liebe" äußert sich oft als Zwang und Methode zur Anpassung. Wir sind unfrei und machen unfrei.

Oft sind wir zu wenig glücklich. Wir sind in unserem Glücksverlangen zu sehr abhängig von der Erfüllung unserer Vorstellungen und entschuldigen unsere - eigentlich oft unberechtigten - Erwartungen mit der Beruhigung: „Das ist doch menschlich" oder „Das wird man doch verlangen dürfen". Dadurch verschließen wir uns andere, nicht vorhersehbare und nicht planbare Möglichkeiten des Glücks.

Es ist ein Symptom unserer Glaubensschwäche: Wir wollen das Glück erarbeiten, das wir nur als Geschenk empfangen können, wenn wir unser Leben von Gott her verstehen.

Der Bereich, in dem wir Nächster werden, ist der der sogenannten sozialen Bedürfnisse. Dazu gehört: angenommen werden, so sein dürfen, wie ich bin, gebraucht werden, Vertrauen bekommen und schenken, geachtet sein, etwas sein dürfen, Erfolg haben und ähnliches.

Im Gleichnis vom barmherzigen Samariter ist der Verletzte Symbol für die in dieser Hinsicht angeschlagenen Menschen, also für uns alle. Der Glaubende (Samariter), der sich auf Gott einlässt und sich angenommen weiß, ist fähig, dieses Angenommensein auch seine Mitmenschen erfahren zu lassen, indem er sie annimmt. Liebe ist immer Bejahung des anderen. Liebe ist dann nicht mehr Liebe, wenn sie in vielleicht gut gemeinter Caritas den anderen zum Objekt macht!

Die Samaritergeschichte interpretiert im Bilde, was ein Nächster ist: jemand, der uns aufhebt, der uns weiterhilft. Der Nächste ist der Retter. Er ist der, dem wir unser Leben verdanken. Menschen, denen wir „Leben verdanken", sind aber nicht nur solche, die uns in äußeren Notsituationen geholfen haben. Das sind jene, in deren Begegnung wir Befreiung, Leben, Glück, Heil erfahren.

Der Nächste ist Löser, Retter, Befreier. Das sind die Namen, die uns als Gottesnamen bereits vom Alten Testament her bekannt sind.

Wenn uns in der Gleichnisgeschichte der Nächste als Retter gezeigt wird, so erkennen wir auch hier, was uns die Schrift immer wieder sagt: Im Nächsten begegnet uns – begegnen wir – Gott.

Von diesen Überlegungen her, dass Nächster Retter, Befreier bedeutet, stoßen wir mit besonderer Dringlichkeit wieder auf die Frage: Wer ist jetzt mein Nächster? Sind es nur die, die ich als Nächste gelten lasse, weil ich ihnen gegenüber Sympathiegefühle empfinde?

Es liegt nicht im Sinne des Gleichnisses, unter dem Nächsten nur den Wohltäter zu verstehen. Durch zwei kleine zusätzliche Wörter können wir den Satz „Liebe deinen Nächsten" verständlich machen im Sinne der Forderung Jesu: Liebe jeden als deinen Nächsten!

So offenbart der Satz die Über-forderung der speziell christlichen Liebe, die für uns wenigstens – wenn auch unerreichbar – als Zielvorstellung und Zielforderung gilt. Das ist mehr als irgendeine humane oder humanistische Idee. Jeden lieben wie einen Lebensretter, jeden auch den unsympathischen Mitmenschen. Christliche Liebe ist frei von Herablassung und Gutewerkehascherei, aber erfüllt von Dankbarkeit.

Um diese Forderung wenigstens einigermaßen zu begreifen, müsste uns eine Besinnung zur Einsicht verhelfen, dass nämlich der Mitmensch nicht zu behandeln ist als ein Als-ob-Lebensretter, sondern als wirklicher Retter und Befreier, wenn wir entsprechend eingestellt sind. Auch ein Mensch, der für mich eine Zumutung darstellt, kann mir zur echten Befreiung werden. Einer, der mir zunächst nur als Bedürftiger, als jemand, der mich braucht, begegnet ist, kann sich gerade als der erweisen, den ich brauche.

Hier setzt unser Nachdenken ein: Wir verlieren Menschen aus den Augen, schreiben sie ab, weil sie uns zusetzen, weil sie unsympathisch sind, weil wir meinen, uns schützen zu müssen. Dabei übersehen und verhindern wir ihre tatsächliche Bedeutung für uns.

78

„Du hättest dich freuen sollen"

Unser Leben ist gekennzeichnet von Angst! Mit Angst kann man beinahe alle schlechten Verhaltensweisen der Menschen erklären. Angst macht den Menschen hart. Meistens ist er sich seiner Angst gar nicht bewusst; oft glaubt jemand aus Einsicht und Überzeugung zu handeln und weiß dabei nicht, dass seine Einsichten und Überzeugungen aus Angst geboren sind.

Das Wirken des Bösen, des Teufels, könnte man ganz schlicht mit „Angst einflößen" bezeichnen; das Wirken Gottes als das Gegenteil: Geborgenheit und Sicherheit schenken.

Wer es versteht, dem Menschen Angst einzuflößen, kann ihn zum willenlosen Werkzeug deformieren. Alle ideologischen Systeme – auch wenn sie dem Menschen angeblich das Heil bringen wollen - arbeiten mit der Angst. Leider bringen es Menschen zuweilen fertig, mit Gott, dem Aufheber aller Ängste, Angst einzuflößen, um Menschen zu etwas - das vielleicht sehr gut gemeint sein kann - zu bewegen. Gewiss müsste die Wirklichkeit Gottes auch Angst einflößen, aber nur den Menschen, die andere verängstigen.

Wir wollen aber auch zugeben, dass die Angst etwas Gutes hat. Aus Angst muss nicht immer etwas Negatives, Schlechtes entspringen. Die Angst erwächst aus dem Erlebnis, dass wir das Glück und das Leben, zu dem wir uns geschaffen fühlen, nicht selbst in der Hand haben. Gleichzeitig mit dieser Angst entspringt auch der Wille alles zu tun, um glücklich zu sein, um das Leben zu gewinnen.

Wenn wir die Handlungsweisen verschiedener Menschen beobachten, stimmen alle darin überein: Alle Menschen wollen glücklich sein. Geht nun jeder von uns daran, sein Glück zu schmieden, will es jeder besonders gut und „ganz richtig" machen! Jeder will die Fehler anderer vermeiden, um einen Vorsprung zu gewinnen. Manche Menschen empfinden ihren Vorsprung und ihre Schlauheit sehr genüsslich, wenn sie sich über die Fehler und Missgeschicke anderer unterhalten können. Das Bedürfnis über andere herzufallen, ist sozusagen ein Auswuchs des Glücksverlangens, weil die Menschen dabei ihren Vorsprung, ihr Bessersein und „Besser-dran-Sein" erleben wollen.

Gewiss, die Bemühungen um ein „fehlerfreies", „richtiges" Leben beim Einzelnen wie bei der Gesellschaft sollen nicht verdächtigt werden! Aber was geschieht, wenn man einsieht, dass der Mensch von sich aus gesehen nie „richtig" leben kann und dass „brav sein" noch lange nicht alles ist.

Im Gleichnis vom verlorenen Sohn (Lk 15,11–32) beobachten wir zwei Menschentypen, die in irgendeinem Mischungsverhältnis in jedem von uns beheimatet sind: Der eine geht den bewährten Pfad der Tugend. Er sieht darin die Garantie für ein glückliches Leben. Was sich bei anderen als glückbringend erwiesen hat, soll auch in seinem Leben Glück bringen. – Der andere sagt sich: „Alles, was das Leben schön macht ist entweder unmoralisch, verboten oder ungesund." Er will sich keine Vorschriften machen lassen und sein „eigenes" Leben leben; Gesetz und Gebot sieht er vielleicht als Behinderung. Er riskiert es und startet ganz auf eigene Faust seinen Lebensweg.

Beide Menschentypen laufen nun um ihr Glück, um ihr Leben und beide bringen es zu etwas. Aber die Angst geht nicht weg. Es bleibt immer die Angst, nicht genug glücklich zu sein. Es könnte einen noch besseren und netteren Lebenspartner geben, für seine Arbeit könnte man noch mehr Geld bekommen – im Großen wie im Kleinen könnten die Verhältnisse noch viel besser sein. – Hier zeigt sich, dass der Mensch ganz einfach ein Mehr-Wesen ist, das vom Zuwachs lebt und das wohl nie genug kriegt! Dies ist hier gar nicht verächtlich gemeint! Dieses Nicht-genug-kriegen-Können hält den Menschen immer im Trapp, andererseits verhindert es die Freude über das, was man hat.

Wahrscheinlich hat der Mensch erst wirklich genug, wenn er alles hat. Aber was ist dieses Alles? Und wie kommt dieses Alles (= das Leben) in uns hinein? Kann man es selbst machen, oder muss man es

„nur" einlassen! Ein Mensch hat einmal gesagt, dass er „alles" habe („Mein Gott und mein alles", „Gott allein genügt", Teresa von Avila). – Aber wie kommt man dahin? Liebende sagen manchmal: Du bist einfach alles! Ob hierbei etwas vor-kommt, von dem, was alles, wirklich alles – Gott – ist?

Was geschieht da mit dem Menschen? Ist es Leistung oder Geschenk?

Die Erzählung vom verlorenen Sohn bei Lukas schildert uns die zwei Typen von Menschen, wie eben beschrieben und dann, am Ende, wird die Feier des großen Glücks erzählt. Wenn wir diese Geschichte, so wie sie Lukas uns berichtet, auf uns wirken lassen, könnte sie wohl zur Lösung unserer Probleme führen. Aber sie wird uns auch „auf den Nerv" gehen. Vielleicht müssen wir sie immer wieder lesen – ein Leben lang.

Diese Geschichte zeigt uns, wie die Menschen sind und wie Gott ist; wie die Menschen scheitern und wie sie durch ihn glücklich werden können. Wir erfahren hier, was Bekehrung eigentlich ist.

Der Sohn, der von daheim fortgeht, wird hier als liederlicher Mensch geschildert. Gerade durch das Fortgehen kann er begreifen, was er an seinem Vater eigentlich hat. Wäre er nicht fortgegangen, hätte er das Glück des Heimkommens und des Daheimseins nie so erlebt. Dabei will Lukas gewiss nicht Unmoral und Leichtsinn preisen. Aber hier wird doch deutlich: Wenn ein Mensch das Risiko des Lebens nicht selbst trägt, wenn sich jemand auf Situationen, auf die Augenblicke des Lebens, aus Angst vor dem Risiko nicht einlässt, kann er Gott in seiner unmittelbaren Bedeutung für das Leben gar nicht erfahren. – In dieser Hinsicht ist die Erzählung Trost und Ermutigung für uns im Kleinen wie im Großen: wenn Eltern ihre Kinder „ihre eigenen Wege gehen lassen" müssen, weil jeder seine eigenen Lebenserfahrungen machen können muss, und wenn wir einsehen, dass wir selbst unsere Verantwortung tragen müssen in Familie, Beruf, Gesellschaft, Kirche.

Das Risiko schließt die Möglichkeit des Scheiterns ein. In unserem Gleichnis wird ein Extremfall geschildert. Aber gerade dadurch wird deutlich: Das Scheitern kann nie so groß sein, dass ein Rückzug unmöglich wäre. Für den Menschen gibt es eine Türe, die immer offen steht: Gott. In diesem Bewusstsein wird das Risiko des Lebens ermöglicht: Rückkehr ist immer möglich. Vertrauen auf Rückkehr – Rückkehr zum Vertrauen sind somit die eigentlichen Träger unseres Lebens, unseres Risikos. – Vielfach wird allerdings das Rechnen mit der Hintertüre als unehrenhaft hingestellt und ein „ehrliches", trotziges Scheitern der Rückkehr vorgezogen. Von Gott her gesehen ist dies aber die eigentliche Sünde des Menschen: der Hochmut, der Trotz, grundsätzlich nicht mehr heim zu wollen – von der Liebe Gottes keinen Gebrauch machen zu wollen. Dies ist die Haltung des Pharisäers, der von der „reinen Weste" leben will.

In der Heimkehr erleben wir, wie Gott ist. Menschlich ausgedrückt: Er ist gerade kein Richter und Verurteiler, wie wir es bei unseresgleichen gewohnt sind. Er rächt nicht, er zahlt nicht heim. Er ist ganz einfach froh, wenn wir wieder bei ihm sind. Die „Gerechtigkeit" Gottes kann nicht von den Maßstäben unserer Justiz abgeleitet werden. Gerechtigkeit Gottes sagt vielmehr: Durch Gott wird der Mensch recht und was den Menschen recht macht ist diese Liebe, die annimmt und aufnimmt ohne Vorbehalt und Bedingung. Dabei wird das Böse nicht ignoriert oder vertuscht! Der Vater nimmt seinen Sohn auf, nicht als ob nichts gewesen wäre, als ob er nicht böse gewesen wäre, – sondern gerade weil er so ist, wie er ist. Die eigentliche Not des Menschen, seine Bosheit und Schwäche kann nur durch Liebe geheilt werden. Von hierher kann man auch deutlich machen, warum sich Gott auf das Risiko „Mensch" eingelassen hat: Weil seine Liebe immer größer ist, weil er die Liebe ist, die niemals aufgibt und den Menschen immer in der Hand hält.

Wenn ein Mensch solche Liebe erfährt, wird er selbst erst das, was er eigentlich ist. Er wird fähig zu dem, was das Menschsein ausmacht: Lieben können - ein bisschen so wie Gott liebt. Was Sünde im eigentlichen Sinn bedeutet, wird hier klar: sich von Gott nicht lieben lassen - sich durch Liebe nicht verwandeln lassen.

Ein Mensch, der weiß, dass er Liebe, Vergebung, Angenommensein braucht, gewinnt in diesem Bewusstsein die Fähigkeit, anderen Vergebung, Liebe, Angenommensein zu schenken. Diese Tatsache bringt Lukas in seinem unmittelbar anschließenden Gleichnis vom untreuen Verwalter zur Sprache.

Nun wird gerade dadurch, dass Gott so ist, derjenige herausgefordert und frustriert, der glaubt, alles käme auf Risikovermeidung, auf Anstand und Tugend an: der Daheimgebliebene. Wir wollen nicht durch eigene Worte die Tiefe der Lukasgeschichte zuschütten. Es ist ja begreiflich, dass derjenige, der sich das Glück verdienen möchte, einfach zerstört ist, wenn er erlebt, dass das Glück dem anderen, dem Taugenichts, direkt geschenkt wird. Da kann er nicht mehr mit! Nun ist er daran, fortzugehen von diesem Vater! Er geht fort aus Verbitterung über die Güte des Vaters. Auch er hätte sich freuen sollen über die Rückkehr des Bruders. Er kann es nicht, vielleicht noch nicht. „Wofür habe ich mich dann geplagt?", fragt er sich, fragen wir uns.

Hier wird die Sünde des Frommen sichtbar! Brav sein ist eben nicht alles. Auch das Bravsein kann den Menschen hart, steinhart machen. Gewiss wäre es eine falsche Konsequenz, wollte man diese Geschichte als Aufforderung zur Unmoral und zum Böse-Sein verstehen. Nur ein verbitterter Mensch würde so denken. Moral ist nötig - unerlässlich für das Leben. Aber Moral allein macht den Menschen noch nicht gut. Wenn Moral nur aus Angst, Unsicherheit, Rechthaberei - und nicht aus Liebe (die nicht rechnet) geschieht, führt sie den Menschen von Gott weg.

Schließlich erkennen wir, worin Buße, Umkehr, Glück und Befreiung des Menschen bestehen: in der Heimkehr! Auch und gerade der daheim gebliebene Sohn müsste erst noch heimkehren, indem er den Vater als den unendlich Liebenden akzeptiert. Ob er es schaffen wird, ob er erkennt, dass er eigentlich viel weiter weg ist von daheim als sein liederlicher Bruder es war?

Das ist es, worauf es letzten Endes ankommt: Gott einlassen. „Man kann ihn aber nur da einlassen, wo man steht, wo man wirklich steht, da, wo man lebt, wo man ein wahres Leben lebt." (Martin Buber)

„Gott einlassen" – das ist die Antwort auf alle Fragen, die aus unserer Angst geboren werden. – „Gott einlassen" in unsere Unmoral, aber auch in unsere Moral! Heimkehren – durch das Erspüren dieser Liebe des Vaters selbst zum Liebenden werden.

„Heute muss ich in deinem Haus zu Gast sein"

Zachäus wollte gerne sehen, wer dieser Jesus sei. Er erlebt einen Menschen, der nicht etwa sagt: „Wehe dir, du böser Mensch", sondern „Heute muss ich bei dir bleiben." (Lk 19,5) In diesem Wörtchen „muss" ist die ganze Liebe Gottes eingeborgen, die den Menschen verändert! Der Außenseiter, Sünder, Geächtete erlebt einen Menschen, der nicht urteilt, der einfach sagt: „Zu dir muss ich hin". Das verändert ihn völlig; er gibt zurück, erstattet vierfach.

So ist Gott. Die Menschen, die Jesus erfahren haben, konnten aus ihrem Erleben heraus sagen: Das ist Gott, das ist der Heiland, der Erlöser, der Befreier.

Gott nimmt den Menschen, so wie er ist, in Schuld und Sünde an. Ja gerade die Sünde, nicht die Sündelosigkeit, ist der „Grund" seiner Liebe. Die Menschen erleben tatsächlich, sie „dürfen" sein, wie sie sind: Sünder. Nun können sie auch zu sich selbst stehen, das heißt sich selbst als Sünder annehmen und ehrlich „mea culpa" sagen. Wenn ein anderer zu mir ja sagt – so wie ich bin – kann auch ich zu mir ja sagen! Dadurch erlebe ich Befreiung. Ich erlebe das Freiwerden von Schuld im Geliebtsein von Gott und werde von innen her glücklich. Wer Liebe erfährt, hört auf, böse zu sein. Nur können wir oft so schlecht Liebe erfahren, durch eigene und fremde Schuld.

Schuld annehmen, lieben heißt nicht: das Böse gutheißen, sondern vielmehr, das Nicht-mehr-böse-Sein nicht zur Voraussetzung der Liebe machen. Wir sagen zwar, wir lieben den Sünder und verabscheuen die Sünde, tatsächlich verteilen wir unsere Liebe mehr oder weniger nach den Maßstäben der Nützlichkeit oder der Moral. Dadurch machen wir uns unfähig für das Verständnis wahrer Liebe und blockieren uns selbst für das Erlebnis so sein zu dürfen, wie ich bin, als Sünder geliebt zu sein (man denke an das Erlebnis der „glückseligen Schuld"). Wir müssten in unserem Lieben viel bedingungsloser werden, um Liebe, um Gott besser erfahren zu können.

Schuld wird dadurch vermindert, dass man sie anerkennt und trägt. Alles andere Bemühen, das oft aus der vielleicht gut gemeinten Einstellung erwächst: „Schuld darf nicht sein" – auf alle Fälle nicht bei mir – führt zu Verdrängungen und schlimmeren Verstrickungen in Pharisäismus und neuer Schuld.

Wenn Gott so ist, dass er den Menschen annimmt, wie er ist – und ich das begriffen habe, kann ich selbst auch nicht anders, als den anderen annehmen, wie er ist, das heißt, der andere erlebt durch mich, dass er so sein darf, wie er ist und wird glücklich dabei.

Hier handelt es sich um einen Rückkopplungsvorgang: Ich kann nur erleben, dass ich sein darf, wie ich bin, wenn ich die anderen so annehme, wie sie sind und umgekehrt: Nur wenn ich erlebe, dass ich sein darf, wie ich bin, kann ich die anderen so nehmen und lieben wie sie sind. Zudem wirkt diese Wechselwirkung verstärkend: Je mehr ich geliebt bin, desto mehr kann ich lieben, je mehr ich liebe, desto mehr erfahre ich das Geliebt-Sein. Wer beginnt nun in diesem Rückkopplungsvorgang? Gott, „der uns zuerst geliebt hat", der sagt: „Heute muss ich bei dir sein." Schließlich müssen wir noch beachten, dass der Schauplatz für dieses Erlebnis, so sein zu dürfen wie man ist, der gewöhnliche Alltag ist.

Ganz einfache Verhaltensmuster könnten uns helfen, damit wir einander das Erlebnis, so sein zu dürfen, wie man ist, leichter und besser schenken: Ausreden lassen; auf den anderen hören; heraushören, was der andere eigentlich sagen möchte; den anderen nicht „annageln" mit seinen eigenen Worten; ihm Spielraum geben, sich zu verändern; nicht immer gleich mit fertigen Urteilen aufwarten; immer damit rechnen, es könnte auch ganz anders sein, als ich eben meine; sich bewusst machen, dass niemand so leben kann wie ich. Jeder muss selbst leben und jeder braucht seinen eigenen Lebensraum; für jede Schuld beim anderen gibt es auch „mildernde Umstände".

„Gib mir zu trinken!"

Im Johannesevangelium kam eine Frau aus Samaria an den Brunnen, um Wasser zu schöpfen. Jesus sagte zu ihr: „Gib mir zu trinken!" (Joh 4,7) Wir beobachten, was diese Aufforderung auslöst: Ein Mensch wird „gebraucht", wie er es nicht vermutet, zumal bei dem gesellschaftlichen Gegensatz zwischen Samaritern und Juden. Jesus durchbricht diese Schranke. – „Gib mir zu trinken" bedeutet auch mehr als etwa „leih mir dein Schöpfgefäß". Das Trinken gehört zu den „oralen" Urerfahrungen des Menschen. Wer zu trinken gibt, gibt Leben, wer um einen Trunk bittet, „beteiligt" den anderen am eigenen Leben. Das „Gib mir zu trinken" ist keine Forderung oder kein Befehl im Sinn von Macht oder Ausbeutung. Es ist auch keine Herablassung, sondern einfach ein In-sich-Hereinnehmen des anderen. Das versetzt in Staunen. Hier ändert sich etwas im Menschen (in der Samariterin).

Es wird sichtbar, wo die Zugänge zum Menschen und zu seiner Veränderung liegen: wenn er „gebraucht wird" in diesem Sinn. Denken wir an das Problem alter oder kranker Menschen, die sich nicht „gebraucht" fühlen. Spüren wir, wie das wirkt, wenn jemand gebraucht wird mit dem, was er gerade hat, was er geben kann. Wenn einer speziell in der Situation gebraucht wird, in der er sich eben befindet: wenn einer geben oder helfen darf, gerade da, wo er kann; wenn einer einem anderen etwas sein darf.

Das war aber erst der Anfang! Das nächste Problem ist, ob der Gebrauchte auch den „Braucher" brauchen kann, ob er bereit ist, auch von ihm etwas anzunehmen, ob er sich ein Gegengeschenk machen lässt. „Gegengeschenke" dürfen nicht als Rückzahlungen, als Pflichtgaben verstanden werden! – Ob wir nicht nur anderen etwas sein wollen, sondern auch den anderen uns etwas sein lassen. Ob wir den anderen, der uns gebraucht hat, auch brauchen mit dem, was er zu geben hat.

Hier zeigt sich ein Problem: Wir wollen von Gott, von Christus oft nur das, was wir uns ausgesucht haben und nicht das, was er uns geben könnte, was wir vielleicht gar nicht kennen. Wir wollen uns nicht „überraschen" lassen. Die Samariterin wollte nur Entlastung im Wasserholen.

„Wenn du wüsstest, worin die Gabe Gottes besteht." (Joh 4,10) Wenn du wüsstest, was ich geben könnte! Es ist etwas, das man nicht in Worte fassen kann, nur ins Bild des Wassers. Wasser, das lebendig ist und lebendig macht, das zur Quelle, zum Brunnen macht! Durch Christus wird der Mensch zum Brunnen. Das, was im Menschen ist, wird lebendig und das ist wieder lebendigmachende Wirklichkeit. Christus nimmt Gestalt an im Menschen und der Mensch wird zu Christus, zum Christen. Er wird zum verströmenden Wesen; indem er sich verströmt, verströmt er Christus; und diese Wasser bewirken fortströmend dasselbe: „Ströme des ewigen Lebens" - strömend zum ewigen Leben.

Christ sein heißt Brunnen sein, heißt strömen. Aber wie wird man das? Einerseits: Wir können es nicht machen! Andererseits: Es liegt doch auch an uns. Beim Brunnenwerden gibt es einen vielleicht sehr kleinen Bereich des Machbaren und Lernbaren. Um im Bild zu bleiben: Man kann und muss graben! Obwohl das Graben allein das Brunnenwerden noch nicht garantiert! Es gibt - gut gemeinte - Fehlbohrungen. Wir müssen uns immer wieder neu orientieren, Erfahrungen einbeziehen, neu ansetzen. Es gibt Naturbrunnen. Der Brunnen kann ganz woanders aufbrechen, als wir gebohrt haben. Es kann sein, dass wir etwas ganz anderes zu geben haben als wir geglaubt haben. Mit all dem müssen wir rechnen.

Wie sieht das „Bohren" konkret aus? Versuchen wir einfach aus der Jesuswirklichkeit heraus zu sagen: „Gib mir zu trinken", das heißt, so wie er die Mitmenschen einbezogen hat in sein Leben, wollen wir es auch versuchen. Dies ist freilich nicht so einfach wie es aussieht. Vielleicht können ein paar Regeln nachhelfen, damit es besser gelingt: Vom anderen nicht gerade das erwarten, was er nicht hat! Wer den anderen nur innewerden lässt, was er nicht kann, der zerstört ihn. Den andern da „brauchen", wo man glaubt, dass er aus der Fülle schöpft. Dadurch wird er sich der Fülle bewusst. Er bekommt Freude am und im Schenken, er öffnet sich.

Dieses „Brauchen" muss frei sein, sowohl von Herablassung als auch von egoistischem Fordern. Es muss ein ehrliches Sehen-Lassen der eigenen Bedürftigkeit sein, mit der ich mich dem anderen liebend, hoffend anvertraue.

Wer Verantwortung für eine Gemeinschaft trägt, soll nicht nur fragen: Was braucht unsere Gemeinschaft, was brauchen die Einzelnen, sondern auch, wie können die Einzelnen mit ihren augenblicklichen Fähigkeiten beitragen?

Man wird hier unwillkürlich an das Gleichnis von den Arbeitern erinnert, die müßig auf dem Markt stehen, weil sie niemand gebraucht („gedungen") hat.

Schließlich kommt es darauf an, dass wir uns selbst ganz einfach brauchen lassen, ohne zu viel Bedenken, ob der andere ein Recht auf unsere Liebe hat.

So kann es vielleicht besser geschehen, dass Christus in uns Gestalt annimmt, dass er in uns vor-kommt, dass lebendige Wasser in uns zu sprudeln beginnen. Wenn wir andere im angedeuteten Sinn liebend gebrauchen und uns selbst brauchen lassen, kann es sein, dass wir begreifen und erfahren, was Christus uns zu geben hat – das unsagbare Leben, das mit dem Bild des lebendigen und lebendig machenden Wassers gemeint ist. Es kann auch umgekehrt geschehen, dass wir gerade, wenn wir uns verströmen, innewerden, was uns letztlich Christus beziehungsweise Gott gegeben hat. Wir könnten wahrnehmen, dass er in uns ist.

„Wenn das Weizenkorn nicht stirbt"

Besonders im November treten der Gedanke des Todes und die Erinnerung an unsere Toten in unser Bewusstsein. Gerade das Denken an den Tod offenbart unsere tiefen Lebenskrisen, die sich bis hinein in die kleinen Alltäglichkeiten auswirken. In dieser Betrachtung sollen die Zusammenhänge von Leben und Tod, von der Verdrängung des Todes und der Unfähigkeit, zu leben deutlich werden. Dabei wird auch unsere Schuld sichtbar – Schuld im christlichen Verständnis. Es ist die Schuld des Menschen, der „sein Leben liebt" und gerade deshalb „verliert", der im Hier und Jetzt unseres Daseins nicht zum eigentlichen Leben (oder Glück) gelangt, weil er nicht „sterben" will, weil er den Tod beziehungsweise das Sterben nicht als Prinzip des Lebens erkennen kann oder will.

Für die Verdrängung des Todes gibt es einige Beispiele:

Vielfach sind Totenautos als solche nicht mehr gekennzeichnet, damit sich die Leute nicht schrecken. Für sehr viele Menschen ist der Gedanke an den Tod unerträglich. Dazu kommen der „Arzneihunger" und das „blinde" Vertrauen auf die Kunst der Ärzte. – Man möchte meinen, der Tod ist nur noch die Hoffnung der Verzweifelten!

Stellen wir diesen „Todverdrängungen" Persönlichkeiten gegenüber wie Franz von Assisi, der den Tod „Bruder" nennt oder Mozart, für den der Tod ähnliches bedeutet – was wird hier sichtbar? Der Tod ist bestimmt nicht nur letzter Weg oder Ausweg! Für diese Menschen zumindest war der Tod nicht Feind des Lebens. Mozart bezeichnet ihn als Freund des Menschen.

Bei aller Todesverdrängung bleibt keinem das Todesproblem als *das* Lebensproblem erspart. Man kann unversehens dem Tod begegnen (zum Beispiel durch ein totes Tier oder einen Toten auf der Straße) und die Augen schließen, das heißt den Tod nicht einlassen, weil er einen in diesen „fremden Fällen" nicht selbst angeht. Aber beim

„Tod des Geliebten" ist Verdrängung nicht mehr so leicht möglich, da geht es jeden Betroffenen an.

Wenn wir nun nicht nur vom Tod eines bestimmten geliebten Menschen sprechen, sondern vom Tod des Geliebten (sächlich zu verstehen), das heißt Tod all dessen, was uns teuer, lieb, wertvoll ist, wird sichtbar, dass wir den Tod zunächst einmal als Verlust erleben. Ferner wird klar, dass wir in jedem Verlusterlebnis (Verlust und Aufgebenmüssen von liebgewordenen Dingen, Gedanken, Plänen usw.) eigentlich mit dem Tod konfrontiert werden - obwohl dabei gar niemand physisch zu sterben braucht.

Todesangst ist zutiefst Verlustangst. Sie entspringt aus der Unfähigkeit, mit dem Tod umzugehen, den Verlust anzunehmen. Wenn ich Verluste annehmen kann - dann habe ich keine Angst davor. Verluste hinnehmen können heißt nichts anderes als den Tod annehmen können - sterben können. (Verlustangst kann auch dargestellt werden als Angst, sich zu verändern.)

Das Sterben-Können ist etwas, das eben gerade nicht erst in unserer „letzten Stunde" akut wird, sondern das unser ganzes Leben betrifft. „Mitten im Leben sind wir vom Tod umgeben." - Der physische, klinische Tod ist nur der letzte der vielen Tode, die wir sterben müssen. Die Todeswirklichkeit wird überall dort verkannt und verdrängt, wo sie nur medizinisch (Herzstillstand) definiert wird.

Nun denke jeder einmal an seine ganz persönlichen Probleme und zwar ganz konkret. Ist nicht die eigentliche Schwierigkeit überall dieselbe: Die Unfähigkeit loszulassen, aufzugeben - die Unfähigkeit zu sterben. Gewiss, um loslassen zu können, muss man sich in der Hand haben. Aber erfährt man nicht erst beim Hergeben, was man hat! Ist Hergeben wirklich Verlust? - Wer kann uns das Sterben lehren?

Mit einer Schulklasse beobachtete ich das Keimen eines Weizenkorns. Die Kinder betrachteten alles: Feuchtwerden, Aufquellen,

Aufgehen, Grünwerden usw. – Dann las ich die Stelle bei Johannes vor: „Wenn das Weizenkorn nicht in die Erde fällt und stirbt ...“ (Joh 12,24).

Für das Keimen, Wachsen und Reifen des Weizens sagt Jesus ein Wort, das wir wohl nie gebraucht hätten: „... stirbt“. Ein elementarer Lebensprozess wird als Sterben gekennzeichnet. Damit wird das Sterben als das eigentliche Leben dargestellt. – Stimmt das?

Leben und Sterben haben etwas gemeinsam: Es hört immer etwas auf. Aber entsteht immer etwas Neues? Sind Leben und Sterben wirklich nur zwei Worte für eine Wirklichkeit? Wo kommt das in unserer Erfahrung vor, dass Leben Sterben ist und umgekehrt? Was geschieht dabei? Greifen wir zurück auf die Wirklichkeit: Sterben heißt verlieren und fragen wir: Wo und wie wird der Verlust zum Gewinn? Das Märchen vom Hans im Glück gibt Aufschluss, wie verlorener Besitz Gewinn der Freiheit bedeutet.

Denken Sie sich in einen Menschen hinein, der etwas ganz Bestimmtes mit allen Mitteln erstrebt und niemals locker lässt ... und in einen anderen, der nichts mit äußerster Gewalt erstrebt, dem vielleicht alles „zu-fällt“. Der eine erhebt Forderungen, er schafft Leistungen und Ansprüche (Rechtsansprüche). Der andere wird beschenkt. Wo Forderungen und Ansprüche verschwinden, wird alles zum Geschenk. Sterben verstanden als „nicht mehr haben müssen“ macht alles zum Geschenk.

Wo kommt das vor, Tod ist Leben: in der Tiefe unseres Seins. Dort, wo echte Liebe ist. Das Ich wird zum beglückenden Ich in dem Maß als es stirbt, als es im Du verschwindet (vergleiche die Gedanken und Erfahrungen von Martin Buber). Lieben, Sterben, Leben sind eins. Jedes echte Aufgehen im Du ist ein Lebendigwerden (Fruchtbarwerden) in Gott – das „ewige“ Leben; „ewig lebt die Liebe“.

Liebe ist dort unglücklich, wo nicht gestorben wird. Leben ist dort krank, wo nicht geliebt wird. Sterben ist dort Vernichtung, wo nicht gelebt wird.

„Gemeinschaft der Heiligen" bedeutet: Was an Liebe und in Liebe jetzt erlebt wird, kann durch den physischen Tod nicht zerstört werden. Das eigentliche Leben kennt den Tod nicht. Der Tod ist der große Wandler (Ver-wandler) in unserem physischen Leben und Sterben.

Begrabt die Toten in euren Herzen,
dann werden sie in eurem Leben
lebendige Tote sein.
Spruch in einer alten Friedhofskapelle

Lebens-
wirklich-
keiten

Alles Leben vollzieht sich in Rhythmen, in Regelkreisen. Alles Leben ist ein Auf und Ab. Man könnte es mit „Wechselstrom" vergleichen. Der „Gleichstrom" fließt „gerade", der Wechselstrom fließt in Schwingungen.

Viel Lebensnot entsteht durch die Verweigerung der vorgegebenen Struktur des Lebens. In dieser Verweigerung kann man die „Ursünde" erkennen, die den Verlust des Urvertrauens zur Folge hat. „Erlösung" ist so gesehen die Rückkehr ins Urvertrauen. Durch den Glauben und das Bewusstsein, „mit ewiger Liebe geliebt zu sein", wird es dem Menschen möglich, das Leben in seiner vorgegebenen Struktur anzunehmen und zur unzerstörbaren Lebensfreude zu gelangen. Das Annehmen der Rhythmen verlangt aber auch unseren aktiven Beitrag: dass wir das Machbare – uns selbst – einüben in diese Rhythmen.

Jeder Mensch muss schließlich selbst seinen individuellen Lebensrhythmus finden. Dieser kann nur dem Leben dienen, wenn er in irgendeiner Weise den vorgegebenen Rhythmen angepasst ist und wenn der Mensch versucht, die Spannungsfelder des Lebens positiv zu gestalten.

Die folgenden Gedanken sollen auf die rhythmische Struktur allen Lebens aufmerksam machen, um in der Annahme dieser Struktur das Leben besser zu erfassen und selbst leichter zu leben.

Fortschritt und Wiederholung

Frühling, Sommer, Herbst und Winter – alle Jahre wieder – *immer wieder* das Gleiche und doch nie dasselbe. Das Alte kommt wieder neu. Das Gleiche, das neu kommt, ist „fort-schrittlich". Wir können in unserem Leben Fortschritte nur dadurch machen, dass wir das „Alte" neu beginnen. Eine Lebensentscheidung kann im Leben nur zum Tragen kommen, wenn sie neu eingeholt wird. Wenn man diese zwei Elemente mit Linien vergleicht, findet man die Gerade und den Kreis, die vereint eine Spirale ergeben.

Das Leben bleibt das Gleiche, obwohl es sich dauernd ändert. „Leben heißt sich wandeln und vollkommen sein heißt, sich oft gewandelt zu haben" (John Henry Newman). So kann es geschehen, dass ich mich, wenn ich dem Leben und mir selbst treu („treu" = „trauend") bleiben will, für etwas Neues, Anderes entscheiden muss, was der Außenstehende als Untreue erachtet. Es ist ein paradoxes Geheimnis des Lebens, dass mir das Leben selbst das Neue, das mir Angemessene bringt, wenn ich mich neu für das Alte entscheide. Denn Leben ist Entwicklung und alles Neue ist im Alten schon enthalten, sodass in der Treue zum Alten die Kraft zum Neuen liegt. Zudem bewahrt die Treue zum Alten vor Selbsttäuschung und Selbstbetrug.

Anfang und Ende

Alles im Leben hat einen Anfang und alles nimmt ein Ende; doch das Leben selbst geht immer weiter. Diese Lebenswirklichkeit ist im Ursymbol des Kreises ausgedrückt: Die Kreislinie ist unendlich; man kann „ewig im Kreis gehen". Gleichzeitig ist aber jede „Stelle" sein Anfang und zugleich sein Ende. Das Bewusstsein, dass Anfang und Ende eins sind wie die zwei Seiten einer Münze, kann eine starke Lebenshilfe sein: Geburt und Tod sind innerlich betrachtet eins. Es beginnt etwas Neues, indem Altes zu Ende geht, und das Alte geht nie zu Ende, ohne dass etwas Neues beginnt. Wenn ich das Neue vielleicht noch nicht erkenne, kann es sein, dass ich noch nicht „ganz am Ende" bin. Aber das Wissen um die Einheit von Anfang und Ende gibt mir Hoffnung und Kraft, dass ich meine augenblickliche Lebenssituation „ganz zu Ende" gehen kann in dem Bewusstsein, dass das „Eigentliche" meines Lebens immer weitergeht: Ich werde *immer* leben, auch wenn ich das Wie noch nicht kenne.

Die Zeit und die Zeiten

Die Zeit, unsere Lebenszeit, ist uns nicht in einem Stück gegeben, sondern in Form von Zeiten und Gezeiten. Stunden, Tageszeiten, Jahreszeiten, Festzeiten – das sind alles Zeitgebilde mit besonderer Eigenart. Andererseits hat alles im Leben seine Zeit. Alles wird kommen „zu seiner Zeit". Lass allem seine Zeit. Lass vor allem dir selbst Zeit und lass dir deine Gezeiten! „Alles hat seine Stunde. Für jedes Geschehen unter dem Himmel gibt es eine bestimmte Zeit: zum Gebären und zum Sterben, zum Pflanzen und zum Ernten, ... zum Weinen und für den Tanz ..." (Koh 3,1–4).

Durch die Zeiten wird die Zeit nie alt; sie kommt immer wieder neu. Mein „Lebtag" habe ich in Form von vielen Lebenstagen, in denen ich mich selbst „erneuere". „Jeden Tag wie ein neues Leben beginnen" (Edith Stein). Durch die Zeiten ist allen Menschen ein Lebensrhythmus vorgegeben, den keiner ungestraft durchbrechen kann. Besonders für Menschen, die im Leben irgendwie gescheitert sind, ist die Eingliederung in den Zeitrhythmus oft der erste Schritt zur Heilung. Für meine äußere und innere Lebensorientierung ist es wichtig, wie ich den Tag (und alle Zeiten) beginne und beende. Der Mensch ist – wie alle Geschöpfe – ein Regelwesen. Durch das Einhalten und Einüben von Regeln entsteht die Gewohnheit. Die „Macht der Gewohnheit" kann sehr hilfreich sein, besonders in turbulenten Zeiten, wenn ich vom Leben stark gefordert bin.

„Halte Ordnung und die Ordnung wird dich halten." Der Glaube kann nur zur tragenden und rettenden Kraft im Leben werden, wenn er „regelmäßig" und „regelrecht" eingeübt und verwirklicht wird durch Beten, Fasten und Feiern. In allen Religionen finden wir den Zeitrhythmus in Verbindung mit religiösen Rhythmen.

Augenblick und Langeweile

Es fällt uns wohl am schwersten, diesen Rhythmus anzuerkennen, weil wir das Glück, das wir nur „augenblicklich", das heißt in Augenblicken erfahren können, in eine „lange Weile" ausdehnen wollen. Man kann den Augenblick nicht mit Zeit *er*messen und so kann man auch für den Augenblick keine Zeit *be*messen. Der Augenblick ist der Durchbruch des Ewigen durch den Ablauf der Zeit. Man kann ihn nicht machen; er kann nur „von selbst" kommen. Gerade dieses „von selbst" lässt ihn uns als Geschenk, als „Über-raschung" erleben. Lust und Konsum kann man bis zu einem gewissen Grad „machen", aber nicht den Moment des Glücks. Sucht und Glück schließen sich aus, obwohl sie vieles gemeinsam haben.

Die „lange Weile" zwischen den Augenblicken des Glücks ist notwendig, damit die Augenblicke möglich sind und immer wieder sich ereignen können. Warten-Können und Harren-Können sind Tugenden für jedermann, der seinen Beitrag zum Glück leisten will. Nach den Augenblicken einer Glückserfahrung brauche ich Zeit zur Verinnerlichung, sonst geht das Glück im oberflächlichen Rausch des Konsums verloren. In der Verinnerlichung wird das Glück abgelöst von seiner sinnlich-vergänglichen Erscheinungsform und es gelangt in den Bereich des unverlierbaren Bewusstseins. Die Liebe Gottes erleben irgendwie doch alle Menschen und Geschöpfe, aber nur bei wenigen entsteht das Bewusstsein, ewig geliebt zu sein, aus dem die Kraft kommt, auch Not und Tod zu bestehen. Das Bewusstsein, ewig geliebt zu sein, setzt allerdings den Glauben voraus, in dem ich Gott als den Ursprung des Glücks erkenne. Auch im Unglück an einen liebenden Gott zu glauben, – das ist die größte Herausforderung des Lebens. Bei vielen Menschen scheitert im irdischen Leben der Glaube an dieser Herausforderung.

Kommen und Gehen

„An jedem Herbstblatt kannst du sehen, dass alles ist im Leben ein Kommen und ein Gehen!" Beim Augenblick des Glücks haben wir das Lebensgesetz schon erkannt: Was ich behalten (er-halten) will, muss ich loslassen. Umgekehrt gibt es auch die Erfahrung: Was ich (noch) nicht loslassen kann, muss ich bis zur Unerträglichkeit behalten. Viele menschliche Beziehungen müssten nicht scheitern, wenn sich die betreffenden Menschen nicht zu sehr gegenseitig vereinnahmen wollten und vereinnahmen ließen. Der liebste Besuch wird unerwünscht, wenn er nicht mehr geht. Ich komme nicht mehr gerne, wenn man mich festhalten und nicht mehr gehen lassen will. Der Mensch ist von Natur aus auf Gott, die ewige Liebe hin angelegt. Dadurch wird ihm der Unglaube notwendig zum Verhängnis: Weil er nicht an Gott glaubt, verwechselt er die Geschöpfe mit dem Schöpfer und er vergötzt und vergottet die Geschöpfe, die ihn dann notwendig enttäuschen müssen.

Wenn du durch einen Menschen oder durch ein Geschöpf Liebes erfährst, so ist dies ein Engel, ein Bote Gottes. Er ist ganz hier, aber nicht *von* hier. Darum halte ihn nicht fest. Sperre deinen Engel nicht ein. Eingesperrt verliert er seine Flügel und ihm wachsen Hörner; eingesperrt werden alle Engel Teufel. Lass auch dir von niemandem deine Flügel rauben.

Anregungen zum Weiterdenken

Alles Leben kann nur als Rhythmus oder als Gegensatzeinheit (Kontrastharmonie) erfasst werden. Einige Beispiele: Berg und Tal, Licht und Finsternis, Freude und Leid, Lust und Schmerz, Leben und Tod – Nehmen und Geben, Tun und Lassen, Erhalten und Verzichten, Arbeiten und Ruhen, Anspannen und Entspannen, Ausatmen und Einatmen, Distanz und Nähe.

Schließlich sind noch die großen Problemfelder des Lebens zu nennen, deren Kräfte durch den Menschen dem Leben dienstbar gemacht werden müssen: Schuld und Vergebung, Hass und Liebe, Gut und Böse.

Die biblischen Bilder sind: Unkraut und Weizen, Schatz und Acker, Wolf und Schaf; in den Gleichnissen: verlorenes Schaf, guter Hirte, der barmherzige Vater, der unbarmherzige Knecht.

Bei all diesen Kontrastwirklichkeiten kann die eine ohne die andere nicht existieren. Das ganze Leben kann nur gelingen in „Koexistenz" beziehungsweise im Rhythmus von Sowohl-als-auch. Schließlich gibt es aber auch den Gegensatz zu allen Gegensatzeinheiten, ein absolutes Entweder-oder. Jesus nennt diesen unvereinbaren Kontrast: „Gott oder Mammon", Paulus nennt ihn „Fleisch oder Geist".

Auch wenn wir in unserem Leben faule Kompromisse schließen, werden wir gerade dadurch immer wieder herausgefordert zu kompromisslosen Entscheidungen in unserer Grundeinstellung. Ein oberflächlich klingendes Sprichwort besagt diese Tatsache ganz einfach: „Des Menschen Wille ist sein Himmelreich, manchmal auch die Hölle."

Nachwort

Liebe Freunde!

Ihr sollt nicht trostlos sein über den Tod oder über mein Sterben. Das „Stirb und Werde" ist ein *Lebens*gesetz. Das kurze „Stirb und Werde", das mir zugedacht war, ist so erfüllt von Glück, Leben, Liebe, dass ich Euch allen nur dafür danken kann. Durch Euch durfte ich erfahren, was das ist, „das Leben, das den Tod nicht kennt". Ich durfte sterben, „gesättigt an Leben". Wofür ich leben konnte, dafür konnte ich auch sterben. „Ob wir leben oder ob wir sterben, wir sind des Herrn." (Röm 14,8)

Ich bin sehr, sehr glücklich; ich durfte vieles, was in mir war, in Büchern, Aufsätzen, Vorträgen und Predigten und Werkstücken zum Ausdruck bringen. Und dies war immer so interessant, so überwältigend! In mir ist so vieles, was so ganz und gar „nicht-ich" bin; ich durfte so viel geben und dabei immer erfahren, dass es nicht ich bin, der gibt; ich durfte dabei sein, wenn der „Name Gottes" „geheilt" hat. Ich durfte dasselbe er-leben, was jene Menschen vor dreieinhalbtausend Jahren mit El, Jahwe erlebten und später mit Jesus. So konnte und wollte auch ich nichts anderes, als dieses Glück – mein Glück –, „seinen Namen" künden. Unser Stirb-und-Werde-Dasein hat nur diesen Sinn: das Glück, *das* Leben, *die* Liebe zu erfahren und im Erfahren erfahrbar zu machen.

Fragt darum bitte nicht nach mir, nach diesen „leeren Hüllen", gewoben aus Angst, Unmoral, Lächerlichkeit. Fragt nach dem, was darin ist, was nicht von mir, nicht von diesem kleinen „Ego" ist. Nur Sterbliches kann sterben und es muss sterben, um das Leben freizugeben. Leben lebt immer.

Wenn ihr mich geliebt habt, macht euch mein Tod nicht unglücklicher, sondern lebendiger.

Alle, die ich vielleicht unglücklich gemacht oder verärgert habe, bitte ich um Vergebung; ich hoffe, dass es Menschen gibt, die mein Versagen an ihnen wiedergutmachen.

Wenn zu meinen (biologischen) Lebzeiten – ohne alles Eigenverdienst, trotz, mit und in aller meiner Schwachheit – Christus, das Leben, die Liebe anwesend war, dann darf auch ich, ohne anmaßend zu sein, sein Wort in den Mund nehmen und sagen: Seht, ich bin bei euch, alle Tage, immer.

Stärker als der Tod – ist die Liebe.

Euer Elmar Gruber

Weitere Titel von Elmar Gruber

In diesem aufwendig gestalteten Buch findet eine Erfahrung Worte und Bilder, die Elmar Gruber als geistlicher Berater machen durfte: Gott ist immer da. Auch und gerade in dunklen Zeiten bricht die Kraft der Allbarmherzigkeit Gottes in unser Leben ein. „Gott ist immer da" ist *Elmar Grubers* geistliches Testament. Vielen Menschen schenkt dieses Buch Freude, Trost, Mut und Hoffnung.

96 Seiten, gebunden, farbige Illustrationen, Farbfotos
ISBN 978-3-7698-1758-4

„Die Wahrheit muss man zuerst einmal erschaut und erfahren haben. Die Theologie folgt später. Wenn ich von Gott rede, muss ich erlebnisnah erzählen." In seiner ebenso pointierten wie symbolhaften und meditativen Sprache ermutigt *Elmar Gruber* den Betrachter, dass es sich lohnt, nie aufzuhören mit der Suche nach einem Leben voll Sinn und Glück, nach einem Weg zu Gott. Bestens geeignet für Besinnungstage und zur Fastenzeit.

32 Karten, inkl. Begleitheft, farbige Pappbox, in Folie eingeschweißt
EAN 426017951 072 4

www.donbosco-medien.de

DON BOSCO

LEBENDIG. KREATIV. PRAXISNAH.